A TIRANIA DOS PODERES CONIVENTES

O Brasil na conjuntura

CONTRACORRENTE

DIOGO SARDINHA

A TIRANIA DOS PODERES CONIVENTES

O Brasil na conjuntura

São Paulo

2019

CONTRACORRENTE

Rua Dr. Cândido Espinheira, 560 | 3º andar
São Paulo - SP - Brasil | CEP 05004 000
www.editoracontracorrente.com.br
contato@editoracontracorrente.com.br

Dados Internacionais de Catalogação na Publicação (CIP)
(Ficha Catalográfica elaborada pela Editora Contracorrente)

D575 SARDINHA, Diogo.

A tirania dos poderes coniventes: o Brasil na conjuntura | Diogo Sardinha - São Paulo: Editora Contracorrente, 2019.

Inclui bibliografia

ISBN: 978-85-69220-67-1

1. Política. 2. Filosofia. 3. Ciências Sociais. 4. Análise Social. 5. Brasil - política e governo. I. Título.

CDD: 300 CDU: 338.1

Impresso no Brasil
Printed in Brazil

coleção ensaios

Uma aproximação à teoria dos serviços públicos
Luis José Béjar Rivera

Estado de exceção: a forma jurídica do neoliberalismo
Rafael Valim

A Constituição como simulacro
Luiz Moreira

Como ler o direito estrangeiro
Pierre Legrand

As raízes legais da corrupção
Héctor A. Mairal

Ensaio sobre o conteúdo jurídico da confiança legítima e sua incidência no setor de infraestrutura
Antonio Araldo Ferraz Dal Pozzo e Augusto Neves Dal Pozzo

As normas de Direito Público na Lei de Introdução ao Direito brasileiro: paradigmas para interpretação e aplicação do Direito Administrativo
Edilson Pereira Nobre Júnior

sumário

introdução

Este livro é uma intervenção na conjuntura. Ele trata de acontecimentos recentes e em curso, muitos deles inesperados, e expõe-se por isso mesmo a um risco: que novas peripécias na cena atual afetem a validez de algumas análises e interpretações nele abordadas. Esse risco é inevitável se realmente queremos pensar o presente, e mesmo o extremo contemporâneo – aquilo que está acontecendo. E, com efeito, na novela das delações premiadas, das escutas telefônicas e da difusão pública de comunicações privadas de uns e de outros, muito do que é hoje impensável poderá ainda acontecer.

Porém, a intervenção na conjuntura é realizada aqui em seu sentido mais exigente. Ao mesmo tempo em que toca acontecimentos que se desenrolam sob nossos olhos, ela tem a pretensão de captar estruturas mais perenes e expor tendências de fundo por via das quais tais estruturas se transformam. Nessa acepção, não é um livro de "opiniões", como se fosse um compêndio de reações relativamente imediatas e subjetivas aos "acontecimentos do dia". Aliás, tal formato seria inexequível para um opúsculo deste tipo, pela própria temporalidade da edição e da difusão. Ao contrário, trata-se de um livro de teses, acompanhadas dos argumentos que visam justificá-las. Minha esperança é que ele contribua para os debates em curso – que forçosamente prosseguirão se aceitarmos dois princípios: que por uma parte a situação atual vem de longe, ou seja não nasceu por geração espontânea e, ao contrário, representa um momento num encadeamento histórico e social que por esta razão mesma importa compreender; e, por outra parte, que o estado de coisas atual é demasiado conturbado para que o futuro seja nele imediatamente perceptível. Numa palavra, o futuro de que é questão, e que é de médio e longo prazo, terá que ser preparado, não apenas lido desde já nos traços do presente.

Mais amplamente, este livro nasce da necessidade sentida de compreender o curso dos acontecimentos políticos no Brasil, sobretudo a partir de 2013-2014, lapso que vai das manifestações de junho até à reeleição de Dilma Rousseff para um segundo mandato como presidenta da República. Entre esses dois instantes, algo radical mudou no quotidiano dos brasileiros. E, depois deles e até agora, tudo ou quase tudo mudou na percepção que se tinha do país, no exterior. Sobre este ponto é preciso dizer que as reflexões aqui apresentadas decorrem, em grande medida, de um esforço realizado de longe – de uma observação à distância –, para mim que não sou brasileiro, mas português e vivendo noutro continente. Todavia, esse esforço foi conjugado com viagens ao Brasil e estadias em diferentes lugares, onde me foi possível ir sentindo direta e gradualmente o pulsar da conjuntura. Os sentimentos mais extremados, que a dado momento se cristalizaram inequivocamente a meus olhos como ódio, me apareceram manifestados da parte de interlocutores muito diversos, desde colegas universitários de diferentes gerações até amigos ou simples desconhecidos com quem me aconteceu conversar. Pouco a pouco, um quadro tomou uma forma que me permitiu dar coerência a um conjunto inesperado de fenômenos dispares, ligados a tendências sociais e históricas de grande porte. Em parte, meu texto é uma tentativa de sintetizar tais relações entre a conjuntura, que muda muito rapidamente, e certas estruturas cujo modo de existência e de metamorfose se desdobra num tempo longo.

Durante vários meses – mesmo anos – algumas ideias que apresento aqui foram amadurecendo graças a textos que redigi para a mídia. Gostaria de manifestar meu reconhecimento às pessoas e órgãos que assim permitiram fazer evoluir meu trabalho. Em Paris, desde Carlos Schmerkin e seu blog no site do jornal *Mediapart* até Catherine Calvet do jornal *Libération*;

como em Lisboa, a Filipe Fialho e à revista *Visão*. Não menos importantes foram comunicações que apresentei oralmente por ocasião de ateliers e colóquios. Neste âmbito, é preciso salientar o fórum "(De) Lula – (a) Bolsonaro: trajetórias brasileiras, situação atual e perspectivas para o futuro", organizado em 11 de dezembro de 2018 em colaboração entre o Colégio Internacional de Filosofia e a Universidade de Paris 8, por Marie Goupy, Ninon Grangé e Guillaume Sibertin-Blanc. Pouco depois, pude desenvolver minhas ideias no contexto do colóquio "A crise da democracia e o neoliberalismo à luz da experiência brasileira", no Conservatório Nacional de Arts et Métiers, em Paris, sob a responsabilidade de Pierre Dardot, Haud Guéguen, Christian Laval e Pierre Sauvêtre, nos dias 20 e 21 de março de 2019.

Contudo, o momento decisivo veio de um honroso e tocante convite da parte da Associação Brasileira de Juristas pela Democracia (ABJD), para pronunciar a conferência de abertura do seu II° seminário internacional. Sob o título "Neoliberalismo, direito e pós-democracia", este IIº seminário teve lugar na Faculdade de Direito da Universidade de Brasília entre os dias 23 e 25 de maio de 2019. Enquanto preparava meu texto, rapidamente me dei conta de que o tempo de uma conferência não bastaria para explanar o que estava em causa e, tampouco, avançar meus argumentos com o detalhe requerido. Assim, encorajado por meus interlocutores, aos quais devo acrescentar aqui o jurista Rubens R. R. Casara e a filósofa Marcia Tiburi, acabei submetendo um manuscrito ao fundador das edições Contracorrente, Rafael Valim, que acolheu meu trabalho com generosidade. Sem estes amigos e amigas, a quem exprimo minha gratidão, o presente escrito não existiria.

Em sua maior parte, a estrutura da argumentação segue a mesma adotada para a conferência de ABJD. Levando a sério o tema do seminário, começarei por perguntar se o Brasil foi, é ou não, uma democracia e em que sentido. Daí, passarei para um exame da articulação atual entre o que chamarei de poderes coniventes. Em terceiro lugar, direi algo sobre o que de mais fundamental conduziu, em meu entender, à encruzilhada presente. E em quarto lugar abordarei perspectivas de curto e médio prazo que julgo plausíveis. Para concluir, reservarei algumas palavras a fenômenos em curso noutros países, à vista dos quais empenhamentos me parecem partilháveis em diferentes lugares do globo.

Em nossos dias o mundo olha, atônito, para o Brasil. Observando o país principalmente de fora, sinto-me à vontade para exprimir-me assim, pois acompanho com atenção as reações internacionais que ele suscita. A honra que senti ao receber o convite da ABJD foi aumentada pelo fato de serem juristas que então me davam a palavra. A mim que não sou jurista, mas filósofo e que, por conseguinte, exponho minhas pistas de trabalho com mais desejo de aprender do que vocação para ensinar.

Enfim, ainda profundamente sensibilizado pelo convite desta mesma Associação, reitero minha firme solidariedade com as suas causas e venero a coragem com a qual seus membros se batem no presente enquanto pessoas livres e conscientes, como a esperança com que se engajam na preparação de um futuro melhor.

1

sobre a questão de saber se o brasil é ou foi uma democracia

O título do seminário da ABJD, recorde-se, menciona a pós-democracia. Por isso, uma pergunta preliminar impõe-se: terá o Brasil sido uma democracia? À primeira vista, sim. Como prova, existiram e existem instituições que supostamente garantem o normal funcionamento de um regime democrático, entre elas as eleições, os partidos, o parlamento, os meios de comunicação, os tribunais. A democracia de que se trata é o nome sintético e corrente para o regime liberal representativo, assente num sufrágio tendencialmente universal e em alguns direitos políticos, como a liberdade de organização e de expressão. Dir-se-á que todos estes termos são espinhosos e é verdade. Contudo, para quem, como os brasileiros, viveu antes e depois do fim da ditadura militar; ou para quem, português como eu, viveu antes e depois da Revolução dos Cravos, o que pretendem dizer deveria ser mais ou menos compreensível. Ora, se os partidos atuam e se exprimem, se os parlamentares são eleitos e legislam, se os tribunais ajuízam, é de crer que a democracia existiu e, mais ainda, subsiste.

Essa visão, porém, é contestada. Para dar apenas um exemplo, cito o arquiteto e urbanista André Dal'Bó da Costa, num texto apresentado em dezembro de 2018 em Paris, intitulado "Democracia inacabada e a coexistência produtiva entre o arcaico e o moderno". Depois de uma referência aos déficits agudos na partilha da renda no Brasil, ele acrescenta que "a escravatura e a herança colonial, constitutivas das sociedades latino-americanas depois da invasão europeia, mesmo após terem sido abolidas formalmente, são ainda hoje elementos ativos, permitindo por exemplo aos setores mais avançados da economia financiarizada existir em seu modo especificamente brasileiro, isto é essencialmente saídos do atraso".[1] Demais autores vão na mesma linha (Jessé Souza, em

[1] DAL'BÓ DA COSTA André. "Démocratie inachevée et la coexistence productive entre l'archaïque et le moderne".

A Elite do atraso, de 2017, é um deles), embora André Dal'Bó tenha o cuidado de escrever que, mais do que de atraso, se trata no Brasil da "interação produtiva entre o arcaico e moderno", entre o que pareceria ultrapassado e o que há de mais avançado. Para o nosso problema, a conclusão a extrair desta descrição seria a seguinte: as pesadas inércias históricas de cariz socioeconômico e os efeitos que exercem no contemporâneo, fatores obstáculo ao funcionamento regular das instituições atrás mencionadas, impedem na realidade que se considere que tenha existido democracia no Brasil.

Não me alongarei nestas considerações, pois creio que são imediatamente compreensíveis, quase de senso comum. Para ilustrar, recordo simplesmente uma frase de Janio de Freitas em novembro de 2018, que vê "o Brasil na liderança do chamado subdesenvolvimento tropical, condição em que a Justiça se iguala à moradia, à saúde, à educação, e outros bens de luxo".[2]

Vejamos agora em que termos essas duas respostas acerca da existência ou não da democracia

---

Comunicação ao GENA – Grupo de estudos sobre o neoliberalismo e as alternativas. Paris: 5 de dezembro de 2018.

[2] FREITAS, Janio de. "Moro num país tropical. Voltamos a ser um país atrasado de um povo atrasado". *Folha de São Paulo* 28 de novembro de 2018. Disponível em: <www1.folha.uol.com.br/colunas/janiodefreitas/2018/11/moro-num-pais-tropical.shtml>. Acesso em 29 de dezembro de 2018.

podem ser transpostas ao meio dos juristas. Evocarei sinteticamente duas posições. Uma é eloquentemente condensada pelo presidente em exercício do Supremo Tribunal Federal (STF), Dias Toffoli, na primeiríssima frase de um artigo que publicou na *Folha de São Paulo*, em abril de 2019: "A maturidade institucional que se consolidou no Brasil já não admite experimentos ou dúvidas".[3] Uma posição diversa pode ser lida no livro de Rubens Casara, *Estado pós-democrático*, onde o autor escreve que há no Brasil "uma tradição autoritária, marcada pelo colonialismo e a escravidão", com a qual "nem mesmo a Constituição da República de 1988, promulgada após a ditadura civil-militar instaurada em 1964, foi capaz de romper".[4] Isso, acrescenta o autor, faz com que os juízes, enquanto intérpretes da constituição, estejam inseridos "em uma tradição incapaz de 'compreender' o texto tendencialmente democrático", fazendo com que as normas por eles produzidas tenham "conteúdo antidemocrático". Sendo assim, haveria motivos suficientes para pensar, sob um ângulo jurídico, que o Brasil nunca foi uma democracia no sentido *simples* de um regime liberal

---

[3] TOFFOLI, Dias. "Justiça, presente! Sistema eletrônico alivia os gargalos do ciclo penal". *Folha de São Paulo*, 14 de abril de 2019. Disponível em: <www1.folha.uol.com.br/opiniao/2019/04/justica-presente.shtml>. Acesso em 15 de abril de 2019.

[4] CASARA Rubens R. R. *Estado pós-democrático. neo-obscurantismo e gestão dos indesejáveis*. Rio de Janeiro: Civilização brasileira, 2017.

representativo como definido atrás, com instituições relativamente estáveis no âmbito de um *estado de direito*.

Entre o branco e o negro, tentemos matizar. Para tal, direi que essa discussão teria pouco sentido se ignorássemos o passado recente, que fez crer a muitos brasileiros – e ao mundo – que a democracia existia e estava normalizada. Aludo aos primeiros anos do século XXI. A eleição de Lula, em 2002, seguida de sua reeleição em 2006, seguida por seu turno da eleição e da reeleição de Dilma Rousseff deram à crença na democracia brasileira uma certa sustentação. E de fato, eleger e reeleger um sindicalista sem formação superior e, com o seu apoio, eleger e reeleger uma mulher num país amplamente marcado pelo machismo; ainda mais uma mulher que, décadas antes, fora presa e torturada sob os auspícios dos militares criminosos no poder, que façanha! Contudo, olhados retrospectivamente, esses anos mais parecem de interregno. Entre 2002 e 2016, mas seguramente não imediatamente após a ditadura militar terminada em 1985, o Brasil pôde ser considerado como uma democracia. Mas isso foi, receio, mais uma aparência produzida pelo governo do Partido dos Trabalhadores que uma realidade institucional enraizada.

A tese que gostaria de defender é então a seguinte: foram os governos do PT que *fizeram crer* que o Brasil *era* um regime representativo liberal estabilizado. Infelizmente, o desmentido veio rápido demais e sem ambiguidade.

A esse respeito, dois conjuntos de observações breves são necessários, sobre duas instituições cujo papel em democracia está tipificado. Trata-se das eleições e da Justiça. Acerca das primeiras, contento-me em dizer que o caráter democrático do pleito ganho por Jair Bolsonaro é, no mínimo, duvidoso. Não apenas seu principal adversário, Lula, se encontrava (primeiro) detido e (segundo) impedido de ser candidato, mas mais ainda (terceiro) interditado de dar entrevistas e inclusive (quarto) de votar. Como se não bastasse, (quinto) as suspeitas de benefício, pela campanha de Bolsonaro, de envios massivos de mensagens *WhatsApp* pagos por grandes empresas, bem como (sexto) a difusão em larga escala de mentiras flagrantes e ainda (sétimo) o arbítrio judiciário com a difusão da delação sem provas de Antonio Palocci a seis dias do primeiro turno[5] lançam suspeitas contundentes sobre a transparência do processo, para não dizer que dão nele o golpe de misericórdia.

---

[5] "Palocci diz em delação que campanhas do PT de 2010 e 2014 custaram R$ 1,4 bilhão". *PortalG1*, 1 outubro de 2018. Disponível em: https://g1.globo.com/pr/parana/noticia/2018/10/01/moro-retira-o-sigilo-de-parte-da-delacao-de-antonio-palocci-na-lava-jato.ghtml. Acesso em: 29 de novembro de 2018.

Com respeito à Justiça, para um país que durante mais de uma década foi visto como democrático, algumas instâncias judiciárias têm dado espetáculos surpreendentes. Não é por acaso que emprego o substantivo *espetáculo*, pois alguns dos momentos mais embaraçosos – e, por que não dizer *escabrosos* – propiciados por juízes brasileiros, foram transmitidos em direto na internet. Um deles foi o pronunciamento do juiz Luís Roberto Barroso que, no final de agosto de 2018, conduziu ao afastamento de Lula do processo eleitoral. A interpretação que dá dos fatos e dos textos é feita sob medida para eliminá-lo da corrida presidencial. Entregando-se a diversos tipos de manobras exegéticas e retóricas para, entre outras coisas, descartar o aviso de uma instância da ONU que considerava ilegítimo impedir a candidatura de Lula, o juiz começa sua exposição explicando que, de início, o político prima sobre o jurídico, pois é ele que o instala; mas uma vez instalado o jurídico, o político se submete a ele; ora, o caso sendo jurídico, é a essa corte eleitoral que cabe decidir, e aos políticos de respeitar a decisão tomada por ela. A falta de escrúpulos em todo esse procedimento é tão impressionante que, apenas alguns dias mais tarde, quando os advogados de Lula apresentam recurso da decisão junto do STF, o juiz dessa corte ao qual o dossiê era destinado, Edson Fachin, decidiu manter o veredito, contra o qual ele não obstante votara em sua condição de membro igualmente do Tribunal Superior Eleitoral (TSE).[6]

[6] "Fachin nega pedido de suspensão da inelegibilidade de Lula". *O Globo*. 6 de setembro de 2018. Disponível em: <https://oglobo.

Isso me leva a pensar duas coisas. Primeiramente, uma parte dos juízes, envolvidos de uma forma ou de outra nesses processos, têm dado provas de não temerem o ridículo. O discurso pronunciado pelo ministro Barroso, que basta para revelar o que está em jogo, ficará certamente como um dos mais previsíveis e banais, ao mesmo tempo um dos mais celerados, do processo em curso na sociedade brasileira. Pelo pitoresco que contém, não posso deixar de lembrar o vai e vem entre autorização e interdição de entrevistas a Lula, protagonizado por Lewandowski, Fux e Toffoli.[7] Para avançar na linha do que escreve Marcia Tiburi em *Ridículo Político*,[8] estamos em pleno ridículo político-judiciário ao mais alto nível da nação. Em segundo lugar, a autonomização do poder judiciário com respeito ao poder político, em princípio saudável, degenerou em sentimento, da parte daquele, de que ele seria legítimo para (e capaz de) julgar o que quer que fosse e decidir juridicamente sobre questões eminentemente políticas. No que diz respeito à sórdida intervenção do juiz Barroso, isso foi

globo.com/brasil/fachin-nega-pedido-de-suspensao-da-inelegibilidade-de-lula-23044418>. Acesso em 18 de Junho de 2019.

[7] O conjunto do dossier pode ser consultado em http://portal.stf.jus.br/processos/detalhe.asp?incidente=5552299

[8] TIBURI, Marcia. *Ridículo Político*: uma investigação sobre o risível, a manipulação da imagem e o esteticamente correto. Rio de Janeiro: Record, 2017.

publicamente denunciado pelo ex-ministro mexicano das relações exteriores, Jorge G. Castañeda, em um artigo no *New York Times*, "Porque Lula deveria ser autorizado a candidatar-se a presidente".[9] Aí, o autor defende que, havendo conflito entre o estado de direito e a democracia, essa deve prevalecer e não aquele, na medida em que ela é uma condição necessária para existência do primeiro. Traduzindo na retórica do juiz Barroso, em caso de dissensão entre a justiça e a política, aquela deve vergar-se diante desta, não pretender vergá-la como ele fez. Ou seja, aplicando essa lógica a um regime representativo liberal, em caso de conflito o povo deve julgar – pelo voto. Foi precisamente disso que o povo brasileiro foi privado pela mão dos juízes confirmados. O sistema judicial entrando numa espécie de roda livre que esmaga tudo o que lhe aparece pela frente, isso quando não se coloca sob influência de outros poderes que lhe deveriam permanecer estranhos.

Mais do que da simples "hipertrofia do direito, que tem a pretensão de legiferar sobre tudo", como escreve Agamben,[10] pesquisas realizadas sobre a

[9] CASTANHEDA, Jorge G. "Why Lula Should Be Allowed to Run for President". *The New York Times*. 21 de agosto de 2018. Disponível em: www.nytimes.com/2018/08/21/opinion/lula-president-brazil-corruption.html. Acesso em 15 de abril de 2019.

[10] AGAMBEN, Giorgio. "*O mistério do mal*: Bento XVI e o fim dos tempos". São Paulo: Boitempo, 2015.

judicialização da vida se interrogam sobre as razões desta hipertrofia do *poder dos tribunais*. Quer tenham os juízes simplesmente aceitado tomar a cargo tal função, talvez porque a sociedade lhes pedia que o fizessem; quer eles a tenham desejado por si mesmos, talvez pensando que seriam capazes de moralizar a política; quer tenham sido pressionados por outras instâncias para fazê-lo, a discussão está longe de se esgotar. Certo é que, no caso concreto, a eventualidade da candidatura de Lula não deixou em nada de ser um problema político. Esse apenas foi coberto pelo manto jurídico. E o discurso do juiz Barroso não é mais do que um dos momentos desta cobertura, paradoxalmente um daqueles em que ela aparece mais claramente à luz do dia como um artifício. A toga do juiz é em simultâneo um véu lançado sobre a cena do enfrentamento político – e a prova de que o véu é demasiado curto para encobrir uma realidade que o transborda.

Num livro recente, *Libre parole*, Étienne Balibar considera que "*a independência da justiça* em relação às ingerências políticas e à corrupção, começando pela ingerência do próprio governo" é "o mais importante de todos os princípios constitucionais" quando se trata de proteger e reforçar a democracia.[11] Balibar é um

---

*Mas Agamben não é o criador do conceito de "hipertrofia do direito", que retoma de outros autores.

[11] BALIBAR, Étienne. *Libre parole*. Paris: Galilée, 2019, p. 33.

homem sincera e seriamente preocupado com os autoritarismos contemporâneos que, como escreve, conjugam o neoliberalismo da peritagem econômica (de tipo governança) com o carisma de um chefe, cuja autoridade não apenas não é contestada, mas é em vez disso admirada. O regime de Bolsonaro é uma ilustração perfeita. No entanto, hesito em acompanhar Balibar na ideia da independência da justiça como o mais importante princípio constitucional para a defesa e o reforço da democracia. Talvez convenha a outras situações, mas serve pouco, temo, para a brasileira atual. Diria mesmo que, a partir do momento em que os democratas esperam que a magistratura proteja e reforce a democracia, isto é, a partir do momento em que a solidez do arcabouço institucional e a saúde do próprio espírito que vivifica uma constituição e as instâncias supostas realizá-la são colocados nas mãos do poder judiciário, é que a democracia já se encontra em estado avançado de degradação. Esse ponto é essencial para compreendermos o que se passa. Não é tanto que a ideia de Étienne Balibar seja falsa em si mesma ou que não devamos reconhecer à independência da justiça uma suma importância na escala de princípios democráticos. Não é tampouco por eu pensar que o poder executivo brasileiro atual não se privará de manipular a justiça e de limitar sua margem de manobra (ou, paradoxalmente, de continuar alargando de forma instrumental essa margem de manobra até que ela recubra tudo; e que, ao fazê-lo, o poder executivo aspire a dar a tudo a aparência de um problema jurídico, quando o problema é de outra ordem, e o jurídico mais não é do que um disfarce). É simplesmente porque a própria justiça não esperou que o governo ou, mais geralmente, os políticos ou outras forças se imiscuíssem em seus procedimentos e ritos para funcionar de forma autoritária, o que quer dizer *ipso facto* de forma arbitrária. Ao contrário, a experiência brasileira mostra que uma espécie de funcionamento em rede, reunindo magistrados de diferentes gerações, fez avançar processos e emitiu vereditos profundamente opostos aos procedimentos tradicionais dos tribunais em regime democrático, reforçando a ideia exposta, segundo a qual o Brasil não viveu em tal regime. Escrevi "procedimentos tradicionais dos tribunais *em regime democrático*", porquanto em se tratando de juízes e outros membros do corpo judiciário, a história mostra à sociedade que eles nem sempre têm pruridos em servir outro tipo de regimes que não os democráticos. Ora, o que se passou recentemente no Brasil e ainda não findou, é que o sistema judiciário, operando no âmbito de uma *aparente* democracia, contribuiu – e de modo fatal – não para o desvanecimento dessa democracia que muito provavelmente nunca existiu, mas para o desvanecimento da *aparência* de que se vivia em democracia e para o abate dos rudimentos de democracia que estavam sendo instalados. Essa afirmação é válida tanto para certos tribunais de primeira instância quanto para os que julgam recursos, até ao TSE e ao STF.

Não devemos generalizar. A complexidade da conjuntura requer análises finas. Por isso não negligencio as tensões e desacordos entre juízes no seio do mesmo tribunal: as decisões e contra-decisões de Lewandowski, Fux e Toffoli no caso das entrevistas de Lula são um exemplo disso, como também a quase libertação de Lula em julho de 2018 pela intervenção do juiz desembargador de plantão do TFR-4, Rogério Favreto.[12] Nem todos os juízes no quadro da mesma instância estão de acordo entre si, isso é patente. Tampouco menosprezo as divergências que separam juízes de tribunais diferentes, como revelado na intervenção do juiz de primeira instância de Curitiba para impedir o cumprimento da ordem do juiz de plantão de Porto Alegre.[13] Tendo mencionado atrás a existência de um funcionamento em rede, iria contra as evidências se sugerisse que não existem redes alternativas, inclusive opostas à primeira. Mais ainda,

---

[12] OLIVEIRA, Mariana. "Barroso arquiva investigação sobre desembargador do TRF-4 que mandou soltar Lula". *G1*. 3 de abril de 2019. Disponível em: https://g1.globo.com/politica/noticia/2019/04/03/barroso-arquiva-investigacao-sobre-desembargador-do-trf-4-que-mandou-soltar-lula.ghtml. Acesso em 15 de abril de 2019.

[13] DIONÍSIO, Bianca; HISING Ederson. "Moro diz que plantonista do TRF-4 não pode mandar soltar Lula". *G1*. 8 de julho de 2018. Disponível em: https://g1.globo.com/pr/parana/noticia/moro-diz-que-plantonista-do-trf-4-nao-pode-mandar-soltar-lula.ghtml. Acesso em 15 de abril de 2019.

não olho esse funcionamento em rede como sendo o de uma estrutura organizada, mais ou menos clandestina, que agiria em complô contra os interesses e direitos de certos cidadãos e organizações. Seria mais justo pensar em termos de um *sistema simpático*, no sentido fisiológico da expressão: um circuito de pessoas no seio da instituição judiciária e em seus diversos níveis, que, por vezes sem mesmo se conhecerem, partilham valores e formas de conduta.

Talvez essa *simpatia* seja parcialmente explicável pelo perfil socioprofissional de uma parte da magistratura. Salvo erro, é essa a tese de Rafael Valim, que esboça o "retrato irônico, porém real, de parcela dos integrantes do sistema de Justiça Brasileiro", retrato do qual transparece "a *mediocridade* [a palavra está em itálico, pelo que sou levado a pensar que não se trata de uma injúria, mas de uma referência ao carácter médio, mediano, D.S.] que levou essas pessoas a destruírem os direitos fundamentais, a democracia e o patrimônio nacional".[14] O perfil assim esboçado, não apenas idiossincrático, mas também familiar, educativo e profissional, é elucidativo. Porém, a ideia de simpatia pode também ser aprofundada para lá das evoluções pessoais, visando uma compreensão

---

[14] VALIM, Rafael. "O discurso jurídico brasileiro: da farsa ao cinismo". *In:* SOUZA, Jessé; VALIM, Rafael (Coords.). *Resgatar o Brasil.* São Paulo: Contracorrente/Boitempo, 2018, p. 121.

sistêmica ou visão da magistratura como sistema. Entra aqui a determinação do poder judiciário como sendo de casta, tal como exprime Rubens Casara: "no caso brasileiro, pode-se apontar que, em razão de uma tradição autoritária, marcada pelo colonialismo e pela escravidão, no qual o saber jurídico e os cargos no Poder Judiciário eram usados para que os rebentos da classe dominante (aristocracia) pudessem se impor perante a sociedade, sem que existisse qualquer forma de controle democrático ou popular dessa casta, gerou-se um Poder Judiciário marcado por uma ideologia patriarcal e patrimonialista, constituída de um conjunto de valores que se caracteriza por definir lugares sociais e de poder, nos quais a exclusão do outro e a confusão entre o público e o privado somam-se ao gosto pela ordem e o apego ao conservadorismo".[15] Como remata o autor: "Em um país como o Brasil, democracia e conservadorismo relevam-se incompatíveis" (p. 129). Ou seja, interpreto eu, onde há o primeiro a segunda não pode existir. Não é isto um argumento complementar em favor da ideia de que o Brasil nunca foi uma democracia no sentido simplificado do termo? É neste sentido que se deve entender a expressão "sistema simpático", reunindo indivíduos que se reconhecem primeiro em certos

---

[15] CASARA, Rubens R. R. *Estado Pós-Democrático*. Rio de Janeiro: Civilização Brasileira, 2017, p. 128.

valores, e seguidamente vergam a estes últimos as regras do direito, até fazerem delas caricaturas. Bem se vê, sem que tenha havido ingerência política manifesta na instituição, e ainda menos ingerência legislativa, pessoas que, talvez fruto de circunstâncias fortuitas, ocupam certas funções, agiram de acordo com um mesmo padrão, que acelerou, mais do que simplesmente contribuiu para o estado atual do país, de deriva autoritária.

Não sei se é pertinente raciocinar em termos de perversão do poder judiciário – talvez a menos que se acrescente de imediato que, se houve perversão, então a partir do interior do próprio poder, incapaz de salvaguardar qualquer equilíbrio no quadro (ou como resultado) de sua hipertrofia. Agora, deveríamos nos interrogar: esse desiquilíbrio terá sido em parte um fruto da escolha deliberada dos governos do PT, de não se imiscuir na vida do poder judiciário e, para mais, reforçar a independência de seus procedimentos? Vimos assim Dilma Rousseff nomear Procurador Geral da República aquele que foi escolhido por seus pares para essa função, quando a chefe de estado tinha a prerrogativa de nomear outrem para o cargo. Ademais, no final do primeiro mandato ela o reconduziu nas mesmas funções e lhe confiou um segundo, como desejado pelo corpo de procuradores. Em troca, e ao cabo de jogadas algo duvidosas que seria preciso analisar finamente, o procurador geral em questão, Rodrigo

Janot, não contribuiu, em seu papel institucional, para evitar a catástrofe do impeachment de Dilma, quando o golpe de estado era dirigido por corruptos certificados e, mais ainda, ia culminar na ascensão às rédeas do governo dessas mesmas pessoas e de seus cúmplices. Possivelmente, o procurador geral contribuiu para a precipitação de todas essas catástrofes – até ao momento em que se deu conta do erro e *twittou*, na véspera do segundo turno das presidenciais, que entre Bolsonaro e Haddad, votaria pelo segundo. Tarde demais: a sorte estava lançada. E, fosse como fosse, ele não dispunha de mais nenhum poder, havendo terminado seu mandato e tendo mesmo se tornado alvo de investigações, vendo agora, como sucessora nomeada pelo usurpador Michel Temer, uma colega que nutria por Lula um ódio reconhecível.

Em todos estes capítulos, malgrado o que diz o ministro Barroso (mas eu suponho que ele não acredita no que diz, e que a contundência com que ele o afirma é precisamente um indício de que ele sabe que as coisas se passam de outro modo), vemos um sistema judiciário ora reforçado ora enfraquecido pelo político, ora se enfraquecendo a si mesmo pela adoção de procedimentos autoritários e um exercício desmedido de suas competências, que não dá mais do que uma impressão errônea do seu auto-reforço. São razões de sobra para que não se sobrestimem as virtudes do judiciário. Reporto-me ainda a Rubens Casara: esse poder "deveria funcionar como garantidor dos direitos fundamentais" e seria o "último bastião estatal de defesa da democracia"; no "plano ideal", ele seria "garantidor do Estado Democrático de Direito e, portanto, das 'regras do jogo'". Como depreendo da leitura de seu livro, isso seria pedir demasiado ao judiciário e, consequentemente, depositar nele esperanças que está condenado a defraudar. No plano empírico, "O Poder Judiciário" flutua vezes demais ao sabor das necessidades do momento – ou do que é sentido como tal. E quando não o faz, os outros poderes encontram sobejamente caminhos ínvios para contornar seus vereditos ou ignorá-los simplesmente, desautorizando-o na prática. *Vide* as duas rejeições, pelo Congresso brasileiro, das acusações da Procuradoria Geral da República contra Temer, enquanto, com a participação ativa da mídia dominante, o usurpador conseguia fazer calar o potente "Fora!" que ressoou através do Brasil quando escutas telefônicas lhe fizeram cair a máscara.

Sirvo-me mais uma vez de Étienne Balibar para destacar uma passagem contígua de seu livro: "sabemos como os estados ou regimes autoritários justificam a limitação ou a supressão pura e simples da independência da justiça: é em nome dos perigos que ameaçariam o estado, da 'sedição'". À vista do caso brasileiro, ecoa nesta frase uma certa esperança e, inclusive, otimismo, pois o "sistema simpático" dos juízes autoritários (por conseguinte censuráveis, na medida em que pervertem a justiça a partir de dentro da instituição à qual incumbe por excelência fazê-la respeitar) não esperou que um regime de cariz autoritário se instalasse. Antes foi precursor na criação de condições para tal instalação, quando não a desejou explicitamente. Lembremos a este respeito os conselhos dados por próximos do juiz Moro, antes de todos sua mulher, acerca de como votar ou não votar, ilustração entre tantas outras do desaparecimento dos limites a um saudável exercício do poder. Se Rubens Casara tem razão em designar como "pós-democracia" o regime no qual os limites democráticos a esse exercício foram suspensos ou, pelo menos, se esbateram, então não existe mais moderação. Por tudo isto, e correndo o risco de ultrapassar minhas competências, diria que, dentro de vários anos, quando se der a restauração de algo como a "democracia" no Brasil, um instrumento político deveria ser reservado para refrear as pretensões do sistema judiciário. Como outros poderes do estado, ele precisa tanto ser respeitado quanto sabiamente contido.

Para encerrar meu primeiro tópico, reitero algo de evidente. O que estou dizendo não é em nada novidade, antes coisas publicadas na imprensa *mainstream* fora do Brasil. Não é necessário ser um historiador especialista nem um sociólogo do terreno para estar a par disso. O prefeito Bill de Blasio não é uma coisa nem outra e, no entanto, intercede para que a cidade de Nova York não seja o palco da entrega de um prêmio atribuído por empresários a Bolsonaro. Quando o papa Francisco envia um emissário com uma mensagem manuscrita a Lula, ele só formalmente está pedindo a Lula que reze por ele: está antes assinalando ao mundo que acompanha a perseguição cometida contra Lula e é lúcido quanto à crise brasileira no seu conjunto. Quando instâncias da ONU insistem na aplicação da medida preconizada, de liberar a candidatura de Lula, após que o Tribunal Superior Eleitoral a descartou, isso quer dizer que o mundo está a par do que se passa. Se bem que nada existe de escandaloso na breve reconstituição que fiz.

Escandalosa é antes a situação reconstituída.

2

O pacto de brasília

O mínimo que possa se dizer é que a tomada do poder e os meios para alcançá-lo foram inteligentemente encenados e, isso, sobre palcos paralelos. Reconhecemos aqui a ideia que fez o êxito das novelas, cujo esquema estruturante se encontra agora alargado à realidade, como se, uma vez que as mentes se acostumaram a ele à força de vê-lo repetido e de tê-lo consumido recursivamente – ao longo de dias e anos –, elas tenham se tornado aptas para (talvez mesmo desejosas de) captar a realidade sob esta forma, a forma-novela, redutora ou simplificadora e ao mesmo tempo dramatizada, por conseguinte esteticizada, todavia de uma estética empobrecida.[16]

---

[16] Sobre a comparação da espetacularização do sistema de justiça

Se não, vejamos. Temos, em primeiro lugar, a cena dos tribunais, de Curitiba e do Tribunal Regional Federal da 4ª região em Porto Alegre ao TSE e ao STF. Não obstante o que escrevi atrás, há que reconhecer pelo menos um ponto vantajoso no espetáculo judiciário, o fato que todos conhecemos agora os nomes, os rostos e a retórica sem pruridos de um certo número de juízes implicados.

Em segundo lugar, a cena parlamentar e senatorial, na qual corruptos confirmados como o ex-presidente da Câmara (tão corrupto que a própria Suíça enviou seu dossiê às autoridades brasileiras – é notável!) partilhavam o espaço com apologistas de torturadores, como é o caso do ex-deputado Jair Bolsonaro.

Em terceiro lugar, a cena midiática, com as buscas nas casas de políticos e empresários, o aprisionamento de alguns deles, por vezes algemados, tudo isto transmitido em direto, numa colusão doentia entre tribunais, polícia e canais de televisão que visava, por uma parte, convencer a população de que uma grande guerra contra a corrupção havia sido desencadeada e estava em andamento e que as instituições enfim agiam e não hesitavam mais em enfrentar "os poderosos"; e, por outra parte, visava colocar, a cada

---

criminal com as novelas, ver: CASARA, Rubens R. R. Estado Pós-Democrático. Rio de Janeiro: Civilização Brasileira, 2017, p. 169.

vez, bandidos imediatamente condenados pelo veredito público no lugar de indivíduos suspeitos de crimes dos quais tinham pelo menos o direito de se defender, por exemplo por serem inocentes ou ainda por inexistência de provas. É aqui que é preciso situar as declarações do papa, em maio de 2018, criticando os julgamentos públicos alavancados pela comunicação social: "a mídia começa a falar mal das pessoas, dos dirigentes, e com a calúnia e a difamação essas pessoas ficam manchadas". Depois chega a justiça, "as condena e, no final, se faz um golpe de Estado".[17]

Em quarto lugar, a cena de conjunto na qual se encontram os protagonistas das cenas setoriais. É o que vemos no palco do Citibank Hall, em São Paulo, onde se reúnem em dezembro de 2016, por ocasião da entrega dos prêmios da *Isto é*, as figuras de proa do golpe de estado parlamentar. Entre eles, Michel Temer, a quem é reservado o prêmio mais importante. Em seu discurso, aquele que será pouco depois apanhado em flagrante delito de obstrução à justiça e acusado pelo procurador geral de dirigir uma organização criminosa, promete "salvar o país". Na primeira fila do palco, integralmente branca e

[17] "Papa: evitar a intriga para caminhar na verdadeira unidade". *Vatican News*. 17 de maio de 2018. Disponível em: www.vaticannews.va/pt/papa-francisco/missa-santa-marta/2018-05/papa-francisco-missa-santa-marta-unidade.html. Acesso em 13 de maio de 2019.

masculina, está também José Serra, ministro das relações exteriores de Temer. Demitiu-se em seguida, alegadamente por motivos de saúde, mas soube-se mais tarde que era investigado por financiamento ilegal da campanha. Algumas cadeiras adiante, senta-se Geraldo Alckmin, governador do estado de São Paulo e candidato derrotado por Lula nas presidenciais de 2006. A outros foi dada a segunda fila. Entre eles, Aécio Neves, que no momento da cerimônia da *Isto é* não tinha ainda sido pego em processos de corrupção e não tinha, portanto, caído em desgraça. A seu lado conversa com ele, sorridente e cúmplice, o juiz que persegue Lula. O conjunto forma um perfeito quadro de corte e de conspiração. Aqueles que conjuram e ocupam ora lugares eminentes no seio do estado, do cartel midiático e do mundo dos negócios, ora lugares subalternos, todavia tornados rodas centrais da engrenagem, como o juiz de primeira instância, mais parecem um bando organizado de colarinho branco.

Em quinto e último lugar, a cena que serve de pano de fundo a todas as outras, a rua. De forma intermitente a partir de junho de 2013, aí estão mobilizados milhares de brasileiros. Com as passeatas de março e abril de 2015, cresce o slogan que indicará o rumo do processo, o apelo à intervenção militar, velho tema recorrente, relançado com vigor em reação aos acontecimentos de junho de 2013.[18] Sabemos hoje que, se não houve intervenção militar no sentido estrito ou bélico da expressão, houve e há seguramente intervenção *dos militares*.

Eis então os cinco palcos, a um tempo distintos e interligados, da novela recente. A ação decorre sincronicamente em espaços justapostos, mostrados ao espetador uns depois dos outros, diacronicamente. E, no decurso desta ação, o espetador reconhece com crescente nitidez a trama de conjunto, que além do mais vai sendo modificada de acordo com a reação da audiência e outros parâmetros (interesses de uns e de outros, notícias ou acontecimentos inesperados, etc).[19]

Foi assistindo à novela brasileira – sem poder participar nela senão de forma pontual e marginal – que a ideia seguinte me assaltou. Em março de 2018, José Roberto Batochio, um dos advogados de Lula junto do Supremo Tribunal Federal, evocava em sua peroração "uma certa volúpia em encarcerar um ex-presidente da República" e mencionava mesmo a

[18] "Sobre a presença do apelo pelo menos a partir de julho de 2013". *Terra notícias*. Disponível em: www.terra.com.br/noticias/brasil/politica/sp-marcha-em-defesa-da-liberdade-pede-volta-dos-militares-ao-poder,e5d130a67cacf310VgnVCM4000009bcceb0aRCRD.html. Acesso em 19 de maio de 2019.

[19] Rubens R. R. Casara fala com pertinência do processo de *impeachment* de 2016 comme "objeto de uma narrativa novelizada dos meios de comunicação de massa". *Estado Pós-Democrático*, p. 205.

"maré montante da volúpia do encarceramento".[20] Veio-me à memória o filme de Pier Paolo Pasolini, *Salò ou os 120 dias de Sodoma*. Nessa película terrível se encontra representada a volúpia e, diria até, uma espiral de volúpia intimamente associada ao exercício de um poder tirânico, ao desencadeamento da violência, à prática da tortura, ao suplício e, no limite, ao homicídio. Ora, quem são as personagens principais de *Salò*? Um presidente de tribunal de segunda instância (*Eccellenza*), um bispo (*Monsignore*), um presidente de banco central (*Presidente Curval*) e um nobre (*Duca*). Por outras palavras, um juiz, um padre, um banqueiro e um herdeiro. Os poderes judiciário, religioso, econômico e de casta se reúnem assim e concorrem para o crime organizado. Realizado em 1975, ano do assassinato de Pasolini, *Salò* trata segundo seu autor do nazifascismo torcionário como do novo fascismo do neocapitalismo moderno.[21] Inspirado no livro do Marquês de Sade, *Os 120 dias de Sodoma*, o filme põe em cena os abusos e crimes praticados pelos quatro libertinos, ou sob suas ordens, e sempre com vista à

---

[20] Sustentação oral de 22 de março de 2018. Disponível em: www.youtube.com/watch?v=IYH3oqyjm4g. Transcrição disponível em: https://www.conjur.com.br/2018-mar-24/leia-sustentacao-oral-batochio-defesa-lula-stf. Acesso em 13 de maio de 2019.

[21] Sobre o filme de Pasolini, inspiro-me no estudo de Klaus Theweleit, *Deutschlandfilme. Godard. Hitchcock. Pasolini. Filmdenken & Gewalt*, Frankfurt am Main/Basel, Stroemfeld, 2003, p. 150, que citarei em seguida.

satisfação de suas vontades arbitrárias. Porém, estes não são apenas personificações de tiranos saídos do feudalismo de outrora, como na obra de Sade; eles representam também a alta burguesia, voluntariamente unida num pacto de poder de estado. O princípio é simples e tenebroso: fazem a apologia da lei, dos costumes e da ordem antes de obter esse poder, para infringir exatamente os mesmos valores que exaltavam, e infringi-los de forma tanto mais massiva quanto obtiveram o poder. Após uma introdução, *Anteinferno*, na qual entre outros acontecimentos é estabelecido o Pacto, seguem-se três partes que Pasolini intitula sucessivamente "Círculo das paixões", "Círculo da merda", "Círculo do sangue". Em cada um são praticados e festejados atos viciosos, nos quais os poderes aparecem ora como comanditários, ora como torcionários, ora como agentes, ora como pacientes, e por intermédio dos quais satisfazem seus desejos de luxúria. À semelhança do pós-democrático como regime no qual se atenuaram ou simplesmente foram obliteradas as fronteiras do exercício dos poderes, em *Salò* não existe mais moderação nem "limites do bom gosto". "Tudo o que é desmedido é bom", diz um deles. Ou: "nada satisfaz mais os sentidos do que os privilégios sociais". O filme segue num crescendo de horror, contudo de um horror sofisticado, porquanto perfeitamente estudado, meticulosamente codificado. Neste refinamento, os poderes não se confundem. Permanecem distintos entre si e nenhum anseia se apropriar das prerrogativas do parceiro. Nem centralização nem luta intestina. Nenhum enfraquecimento de um poder em benefício de outro. Longe disso, eles se associam, se articulam, se harmonizam. E, ao fazê-lo, contribuem cada um com os seus meios para um resultado que é apenas *de conjunto*. Associados, fazem "política" – se é que este nome convém para denotar o exercício, a um tempo caprichoso e finamente calculado e encenado, da dominação de outrem.

Chego agora à tese decisiva: um gênero semelhante de "política" está, desde há alguns anos, visivelmente em funcionamento no Brasil. Assim, uma parte dos magistrados, do empresariado, das castas e finalmente das instituições religiosas se associaram e convergiram para o mesmo ponto, restabelecer integralmente seus poderes. Sobre as instituições religiosas, sabemos que existe entre elas um fenômeno de concorrência, extremamente complexo e no qual não poderei entrar aqui. Limito-me a lembrar que as potências de conquista das almas e das condutas se deslocaram e se reestruturaram recentemente sob a forma de Igrejas evangélicas. Acreditando em dados mencionados por António Nóvoa, antigo reitor da Universidade de Lisboa, há vinte e cinco anos declaravam-se evangélicos 7 a 8% da população, hoje 33 a 34%, formando uma base de apoio de programas conservadores no campo da moral, entre eles a "escola sem partido".[22] Note-se que uma parte da Igreja católica, não toda e sem chegar a tais extremos, também se conservatiza. Deste modo, o Brasil, marcado ainda pela herança da teologia da libertação e por clérigos corajosos e de grande abertura de espírito, assiste às escolhas de uma Fundação São Paulo sob o bastão de Odilo Scherer, cardeal preterido aquando da eleição do atual papa. Acompanhei atentamente algumas etapas dessa evolução, por exemplo em 2015, quando fui um dos impulsionadores do abaixo-assinado internacional de apoio à criação da cátedra "Michel Foucault e a Filosofia do Presente", na PUC São Paulo, vetada pelo cardeal; e em agosto de 2018, quando a mesma Fundação anunciou a reforma do estatuto da PUC no intuito de acabar com a colegialidade.[23] Vê-se distintamente que tais manobras navegaram na crista da onda ultraconservadora que se estendeu a múltiplas instituições do país.

Uma palavra agora a respeito das castas. Quando são familiares, elas se constituem e mantêm-se

---

[22] NÓVOA, António. Intervenção no fórum "(De) Lula – (a) Bolsonaro: trajetórias brasileiras, situação atual e perspectivas para o futuro". Universidade de Paris 8. 11 de dezembro de 2018. Disponível em: www.ciph.org/IMG/mp3/2018-12-11_forum-bresil.mp3. Acesso em 15 de abril de 2019.

[23] Ver a posição da reitora da PUC/SP. Disponível em: https://jornalggn.com.br/direitos/fundacao-sao-paulo-acaba-com-eleicao-para-reitor-na-puc/. Acesso em 13 de maio de 2019.

por herança direta, geralmente em linha de sucessão patriarcal. A importância de certas famílias ditas tradicionais na política e na economia brasileiras é disso testemunha. Referi-me anteriormente à imbricação entre as castas familiares e o poder judiciário. Gostaria, porém, de fazer uma breve alusão a castas constituídas por (ou em) organizações sociais. Tomo como ilustração a Fundação Fernando Henrique Cardoso, não porque não exista outras e nem porque tudo nelas releve do estatuto de "casta", mas simplesmente porque Fernando Henrique Cardoso, figura pública cujas posições têm ressonância, me apareceu aos olhos de observador, a partir de fora, da atualidade nacional. Um momento que gostaria de ressaltar, pela forma como ele "faz sentido" na tendência que tento trazer à luz (ou seja, pela forma como ele, à sua escala, revela essa tendência) é o seguinte. Em 8 de Agosto de 2018, dois meses antes do primeiro turno, o professor de Harvard, Steven Levitsky, coautor de *Como morrem as democracias*, deu uma conferência na Fundação do ex-presidente acerca da situação brasileira. A dada altura, avaliando por pontos sucessivos o quanto Bolsonaro é um político antidemocrático (elogio da ditadura militar, contestação da democracia após 1985, exigência de encerramento do congresso, abarrotamento da Suprema Corte, etc.), Levitsky declara: "Em 1998, Bolsonaro disse que os militares deveriam ter matado 30.000 pessoas incluindo Fernando

Henrique Cardoso".[24] Pela expressão facial e pela voz, somos levados a pensar que o orador esperaria da sala um movimento de preocupação, como se a partir daí todo o auditório devesse reconhecer a urgência de opor-se a Bolsonaro. Mas a reação foi outra: um riso polido, porém contagiante, atravessou a sala. Demorei para extrair um sentido racional dessa hilaridade inteiramente espontânea, quase natural, e ao mesmo tempo aterradora vistas as palavras que acabavam de ser proferidas. Mais adiante se tornarão claros os passos que me permitiram resolver o enigma.

Em um momento de 2018, provavelmente quando soube que Fernando Haddad seria o candidato presidencial do PT, acreditei que ele venceria facilmente as eleições. Eu me dizia que, chegando ao segundo turno, ele receberia o apoio de todos os demais candidatos vencidos do espetro dito democrático, contra Bolsonaro. Foi o que se passou em França em 2001, quando a esquerda votou esmagadoramente por Chirac contra Le Pen. Foi o que se reproduziu, pelo menos em parte, em 2017, quando muitos anti-macronistas votaram por Macron contra Marine Le Pen. Em minha mais antiga lembrança, foi ainda o que aconteceu em Portugal, em 1986, quando as esquerdas se uniram contra Freitas do Amaral, candidato

---

[24] Disponível em: <www.youtube.com/watch?v=pC9kfhLYCWE&feature=youtu.be>, 1'35". Acesso em 19 de maio de 2019.

da direita, votando por Mário Soares, todavia considerado pelos comunistas um adversário histórico, quase um inimigo. Infelizmente, essa lógica não opera no Brasil. Chegado a esse ponto, faço uma ressalva. O pior erro para o europeu que sou, seria julgar o Brasil à luz dos valores e práticas do "Velho Continente" e, mais ainda, à luz de sua "normalidade" posterior à Segunda Guerra Mundial. Como escreve Jean-Christophe Goddard num livro traduzido no Brasil sob o título *Brazuca negão e sebento*, que alerta precisamente para como (não) pensar o Brasil a partir de fora: "tendo vindo participar da inauguração da USP, Lévi-Strauss é até o talo um colono francês catequético, um missionário socialista sensível antes de tudo aos progressos da medicina tropical e da educação intelectual das crianças. Um homem de disciplina. Daquilo que o Brasil descobriu antes que os portugueses descobrissem o Brasil, e que por sua vez o português descobre ao tornar-se brasileiro, ele ignora ou finge ignorar tudo".[25] Tentando então ser mais português-tornado-brasileiro do que antropólogo-francês; esforçando-me deste modo por pensar dentro das diferenças entre a Europa e o Brasil e a partir delas, direi o seguinte. Sabe-se que a Europa é capaz de gerar o pior e de infringi-lo a si própria,

---

[25] GODDARD, Jean-Christophe. *Brazuca negão e sebento*. São Paulo: N-1 edições, 2017, pp. 39-40.

isso sob a vontade de muitas pessoas, talvez mesmo de sua maioria. Basta recordar os anos 1930. Todavia, ela ainda não esqueceu completamente a lição da guerra, que ensina que mais vale um regime medíocre a um fascista. Ora, depois de ter voltado por três semanas ao Brasil, entre setembro e outubro de 2018, ou seja, antes e durante o primeiro turno das eleições, visitando Florianópolis e São Paulo, voltei à casa muito apreensivo e, a bem da verdade, sem ilusões. Se posso ser peremptório, me dei conta nesses dias que uma maioria dos brasileiros queria viver sob ditadura. Vindo da Europa, sei que não existe nisso nada de original: outros países desejaram a mesma coisa em outros momentos de suas existências. E tive também a intuição de que, se isso fosse verdade, estava fora do alcance dos democratas mudar grande coisa nestas circunstâncias. Em seguida, o resultado esmagador das eleições me levou a pensar que, presentemente, o Brasil, isto é, uma parte assustadora dos brasileiros, quer ser posta na ordem. Assim, casais gays votaram por Bolsonaro, protestando contra os comportamentos de jovens homossexuais que se beijam em espaços públicos. Negros votaram por Bolsonaro, que faz explicitamente discursos racistas. Inúmeras mulheres votaram por ele, que pratica abertamente o machismo e defende a política de discriminação sexual. Em tais condições, é admirável que, no primeiro turno, candidatos como Haddad, Ciro, Boulos e outros, que em conjunto obtiveram mais de quarenta milhões de votos, continuem lutando. Contudo, mesmo se eles se tivessem unido e ganho o pleito, herdariam um problema, em meu entender, politicamente insolúvel no curto e possivelmente no médio prazo, que é: fazer voltar à normalidade as cabeças que formam uma matilha sedenta de sangue. Aliás, viu-se que as violências de rua praticadas por apoiantes de Bolsonaro se multiplicaram logo em seguida do primeiro turno.

Para voltar ao filme de Pasolini, como os policiais e militares que em Salò asseguram a obediência aos tiranos, muitos desses pequenos partidários quotidianos de Bolsonaro se transferiram para o lado da força bruta, tornando-se ou julgando ser "pequenos instauradores de ordem", fazendo "justiça" por suas próprias mãos. Veja-se o caso do assassinato do mestre de capoeira Moa do Katendê, simpatizante do PT, morto a facadas por um partidário de Bolsonaro após uma discussão política em Salvador, na madrugada da segunda-feira 8 de outubro de 2018, noite do 1° turno eleitoral.[26] Esse é mais um momento numa tendência que vinha de trás e se prolonga em seguida. Tais atos repetidos são injustiças flagrantes, instantes

[26] PITOMBO, José Pedro. "Mestre de capoeira é morto com facadas após discussão política na Bahia". *Folha de São Paulo*. 8 de outubro de 2018. Disponível em: <www1.folha.uol.com.br/poder/2018/10/mestre-de-capoeira-e-morto-com-facadas-apos-discussao-politica-na-bahia.shtml>. Acesso em 15 de abril de 2019.

ínfimos e ao mesmo tempo sem retorno numa dinâmica de intensificação da desordem, alavancada por cidadãos comuns, contagiados pela vontade de, como diria o cineasta italiano, mergulhar na merda e no sangue. Para dar a essa situação uma formulação mais sóbria, recorro a Klaus Theweleit, teórico do cinema: para tais pessoas simples, esse mergulho "é seu momento de revivificação, sua festa, seu avanço vitorioso, seu por assim dizer renascimento [...] enquanto partes corpóreas de uma instituição masculina de estado, de exército de dominação, que as torna psiquicamente 'intactas' e 'sãs'" (Theweleit, p. 215). E sublinhando o parentesco entre o filme inspirado por um autor do século XVIII (Sade) e a contemporaneidade de Pasolini e a nossa, Theweleit acrescenta: "Em várias democracias modernas, uma aliança de terratenentes com senhores do complexo industrial retomou a função das forças de Sodoma, de Sade e de Salò" (p. 215). No caso brasileiro, que papel adotaram as elites – e incluo aqui a audiência hilária da Fundação F. H. Cardoso? Como em tantas outras ocasiões, jogaram o jogo – juízes, empresários, sacerdotes, castas. Mas não creio que se possa legitimamente dizer nem que cometeram um erro preferindo Bolsonaro a Haddad, nem que caíram numa armadilha. Pelo contrário, os comportamentos das elites levam a crer que elas também fazem parte dessa matilha sedenta. E que sentem como interesse seu, desde há alguns anos, entrar nos vórtices da merda e do sangue. Por isso convoquei até certo ponto um outro paradigma, o da análise pasoliniana, segundo a qual os poderes querem, deliberadamente, participar nesses círculos terríveis.

Esses poderes legitimam os comportamentos violentos de todos os dias e, em retorno, se alimentam deles, os deixam proliferar, pois essa proliferação não somente concretiza seus valores e visão do mundo, mas também os fortalece, porquanto suscita a demanda por parte da população de mais segurança. Por seu turno, isso desemboca em outros crimes praticados pelas autoridades e seus braços armados, os quais se atacam maioritariamente aos mais pobres e desprotegidos, aos suburbanos, aos favelados, prolongando a chamada guerra civil de baixa intensidade. Para essa casta portentosa com várias cabeças e valências (religiosa, judiciária, empresarial, patriarcal) um gozo múltiplo se produz. Ele é decerto econômico: como escreve Jessé Souza, "a elite brasileira [...] que é a elite do dinheiro, que manda no mercado e que 'compra' as outras elites que lhe são subalternas", conseguiu "a maior rapinagem e o maior saque das riquezas e do futuro brasileiro de que se tem notícia".[27] Mas o gozo é também de reafirmação simbólica de

---

[27] SOUZA, Jessé. "O engodo do combate à corrupção: ou como imbecilizar pessoas que nasceram inteligentes?". *In:* SOUZA, Jessé; VALIM, Rafael (Coords.). *Resgatar o Brasil*. São Paulo: Contracorrente/Boitempo, 2018, p. 14.

seus poderes, que a casta consolida institucional e legalmente. Ao que acresce enfim uma mais-valia de prazer: é a volúpia, sentida aquando da perpetração de um crime que ficará impune e, mais ainda, frutificará.

3

lula e as diferenças antropológicas

Regresso à fórmula magistral de José Roberto Batochio, a da volúpia sentida por alguns diante da perspectiva de encarceramento do antigo presidente de República. Pretendo reter apenas o essencial: é hoje manifesto aos olhos de todos – depois de tê-lo sido aos dos mais avisados – que a mascarada judicial de Curitiba tinha como propósito descartar *um* indivíduo. Só que esse objetivo aparecia de início tão desmedido que, para atingi-lo, era preciso escalar passo a passo degraus sucessivos. Este indivíduo era Lula; e entre os degraus a escalar havia o afastamento da presidente Dilma Rousseff. A volúpia da infâmia cometida contra Lula, não podendo tomar a forma de um crime físico (seu homicídio puro e simples), seria uma morte simbólica, obtida pela prisão; e dilatada no tempo por um aprisionamento perpétuo, um banimento definitivo da vida social e política. A interdição de dar entrevistas durante a campanha eleitoral, e muito além dela, é uma das rodas desse mecanismo. A proibição, em 30 de Janeiro de 2019, de Lula se deslocar ao funeral de seu irmão ou, mais rigorosamente, a absurda autorização dada para que estivesse presente quando seu irmão já havia sido enterrado, não são apenas a pôr na conta da matriz pérfida da perseguição, mas também a relacionar com a vontade de apagar Lula da mente das pessoas, de fazer *como se* ele não mais existisse e, idealmente, *como se* ele nunca tivesse existido, *como se* ele tivesse sido um pesadelo do qual se teria despertado, o que evidentemente nos convida a ver nele, por contraposição, a encarnação de um sonho que alguns tentam a todo o custo dissipar. Isso nos remete para uma indagação: de onde pode vir tal sanha? Qual a fonte de tão pujante reação de encontro a um homem?

Como resposta, avanço uma tese que já tem sido evocada por outros observadores, inclusive pelo próprio Lula, mas à qual me parece ainda não ter sido conferido um aspecto propriamente conceitual e ainda menos sistemático.[28] Os governos do PT afetaram,

[28] Num escrito destinado aos leitores de língua alemã, provando que a informação está largamente disponível, Rodrigo Duarte afirma: "O projeto de Lula não era de estabelecer no Brasil uma

para não dizer que transtornaram, o que havia de mais fundamental na estruturação da sociedade brasileira, a saber: as diferenças antropológicas. Essas são distinções cujo modo de articulação muda ao longo do tempo e varia geograficamente e que definem a estabilidade possível, sempre precária, de um agrupamento humano e das relações em seu interior. Refiro-me antes de tudo às diferenças de classe, de cor, de sexo, de gênero, de territorialidade, de ascensão e de estatuto. Cada diferença se estende por uma escala, cujos patamares são outros tantos lugares de inscrição dos indivíduos diferentes. Assim, a diferença de classe se estende por uma escala que vai do muito pobre ao muito rico, passando pelos remediados, a classe média, a classe média-alta, etc. Essas designações correntes encontram formalizações linguísticas, isto é, nomes técnicos e critérios mensuráveis que variam segundo as épocas e os métodos de avaliação das pessoas, as quais se encontrarão em seguida distribuídas ao longo da escala, cada uma no patamar ou no grupo a que supostamente corresponde. Retendo somente os pontos extremos de algumas escalas, teremos rico e

espécie de regime socialista; ele consistia apenas em realizar programas governamentais que deveriam reduzir as desigualdades econômicas, sociais e étnicas." DUARTE, Rodrigo, "Brasiliens Kalter Putsch. Oder: Wie aus dem Neoliberalismus ein eigenartiger Neofaschismus entstanden ist", *Zeitschrift für kritische Theorie*, n. 46-47, 2018.

pobre (diferença de classe), branco e negro (de cor), homem e mulher (de sexo), heterossexual e homossexual (de gênero), central e periférico (de territorialidade), colonizador e indígena (de ascensão), com e sem poder público (de estatuto). Podemos naturalmente acrescentar outras distinções estruturantes (nacional-estrangeiro, normal-anormal, saudável-doente, adulto-criança), mas crucial é compreender que essas divisões existem em simultâneo com a afirmação geral de que todos os humanos são iguais, notadamente em direitos e deveres, em dignidade, etc. Ou seja, as diferenças *concretas* acompanham a formulação do princípio de igualdade *abstrata*, o qual serve de pano de fundo para captar o humano numa rede de distinções e, ao mesmo tempo, construir esse mesmo humano a partir e no interior das distinções, desse agenciamento complexo de escalas e diferenças.

A forma como uma sociedade encontra-se organizada está imediatamente relacionada com o modo como essas diferenças se estruturam, enquanto resultados de sedimentações históricas, conflitos, metamorfoses, negociações, cedências. As fronteiras que elas marcam são porosas, a mesma pessoa podendo passar de sã a doente ou de heterossexual a homossexual. Elas são também ambíguas, o mesmo indivíduo sendo eventualmente considerado como normal ou anormal, dependendo que quem o considera e dos critérios adotados (vejam-se a esse respeito os trabalhos ímpares da historiadora Margareth Rago sobre a moralização dos anarquistas e dos revolucionários como sobre a medicalização das prostitutas).[29] Para mais, elas se deslocam ao longo dos séculos. E é provável que tais deslocamentos, bem como as perdas e ganhos de importância de cada diferença, tenham seus ritmos próprios segundo a diferença considerada. Dito de outra forma, a determinação concreta de cada diferença numa sociedade pode ter uma temporalidade distinta daquela de outras diferenças. Se assim for, é concebível que a dado momento da sua existência um grupo humano esbata, por exemplo, a discriminação entre homens e mulheres ao mesmo tempo que acentua a diferença entre nacionais e estrangeiros. Mas também pode suceder que as diferenças centrais conheçam variações cíclicas de conjunto, uma sociedade atravessando períodos de acentuação das diferenças, seguidos de períodos em que essas são menos importantes e em que uma menor diferenciação reina. Nesse âmbito, diríamos que essa sociedade ora se se endurece ora se suaviza, talvez por vagas, no tocante à marcação das diferenças entre os indivíduos que a formam. Como presentemente não disponho dos meios necessários para decidir entre um desses dois modelos, e como de toda a forma essa decisão não é

[29] RAGO, Margareth. *Do Cabaré ao lar:* a utopia da Cidade Disciplinar – Brasil, 1890-1930. Rio de Janeiro: Paz e Terra, 1985.

requerida para a análise específica que tento realizar acerca do Brasil contemporâneo, deixarei aqui o problema em suspenso.

Essencial é a ideia do transtorno realizado em algumas destas partilhas, num tempo breve e de forma serena. Digo que esse tempo foi breve, pelo menos relativamente, por razão de o transtorno ter-se realizado em apenas alguns anos. Além disso, é questão de uma modificação em suma pacífica, pois não suscitou de imediato qualquer revolta social de amplidão. Ou melhor, tal revolta foi retardada. Diferentemente do que sucede quando um governo intervém sobre as relações de propriedade, fato que em geral despoleta de imediato reações adversas de grande intensidade, agir ponderadamente sobre as diferenças antropológicas – e mesmo sobre várias delas simultaneamente – não aparece desde logo como uma expropriação inaceitável. Trata-se, no entanto, de uma expropriação desse tipo. Com efeito, as diferenças estabelecem polos de privilégios, opostos a polos de desfavorecimento: acumular características como homem-rico-branco-urbano-descendente de colonizadores pode ser visto, em certos grupos, como dando acesso a exclusividades das quais a mulher-pobre-negra-periférica-descendente de escravos se encontra privada de fato, quando não de direito. Para lá do que essa afirmação pode conter de banal ou de evidente, importa ressaltar o seguinte: não sendo afetados na relação proprietária, os privilegiados no sentido que acaba de ser descrito não sentem imediatamente a perda, a verdadeira expropriação de privilégios que estão sofrendo. E quando a sentem, valoram-na tanto menos quanto ela está sendo sutilmente compensada no curto prazo por outras vantagens, ainda que essa compensação seja só parcial. Daí dizer-se que os ricos ganharam ainda mais dinheiro durante os governos do PT: era esse o preço a pagar para mantê-los tranquilos durante o tempo que fosse possível, por via de compensações financeiras. Além destas, o efeito retardador vem ainda do fato de as expropriações serem, neste caso, simbólicas, não materiais. O que é perdido não são propriedades físicas ou contábeis, mas privilégios e mesmo, por vezes, exclusividades de acesso a certos espaços, condições, estatutos, em suma – e o português do Brasil tem uma palavra que resume tudo isso – de acesso a um *status* de que outros se encontravam privados.

Dois exemplos permitirão tornar mais claro o que pretendo exprimir. O primeiro concerne uma zona de valência múltipla, na medida em que nela se cruzam diferenças antropológicas de tipo diverso. O espaço da família, mais concretamente o lar, é uma dessas zonas. Aí se cruzam habitualmente duas diferenças imediatas, de sexo (tradicionalmente o marido e a mulher) e de idade (os adultos responsáveis e os menores sob sua guarda). A esse respeito, cito Boaventura de

Sousa Santos num livro já antigo, *Pela Mão de Alice*: "O *espaço doméstico* continua a ser o espaço privilegiado de produção social e a forma de poder que nele domina é o patriarcado. [...] Obviamente, a discriminação sexual não se limita ao espaço doméstico nem é sempre resultado do exercício do poder patriarcal; mas este como que estabelece a matriz a partir da qual outras formas de poder são socialmente legitimadas para produzir discriminação sexual".[30] Creio que os governos do PT fizeram estremecer essa estabilidade por pelo menos duas vias: atribuindo no seio do casal os subsídios financeiros às mulheres, ponto que não aprofundarei aqui; e instaurando a proteção social das empregadas domésticas, tema acerca do qual farei breves considerações. Ainda que essas empregadas não sejam exatamente membros da família, elas estão presentes no lar, o que reforça a percepção deste último como zona de valência múltipla. Trata-se de mulheres que trabalham enquanto mão de obra de baixa ou nula qualificação, pelo que, na medida em que podem ser *mutatis mutandis* comparadas com os serviçais que historicamente ocupavam a escala mais baixa no espaço da casa vigiado do alto pelo chefe, protegê-las socialmente pela lei é uma forma de politizar de outro modo o espaço de reprodução patriarcal. Mas a

---

[30] SANTOS, B. de Sousa. *Pela Mão de Alice*: o social e o político na pos-modernidade. 8ª ed. *São Paulo: Cortez, 2001*, p. 271.

integração delas por essa via na cidadania social é outrossim uma forma de pôr cobro a opressões e dominações ao mesmo tempo sociais, visto que são trabalhadoras vindas de fora da família; e domésticas, porquanto até ao momento da proteção de seus direitos tudo isso se passava na obscuridade de um espaço privado. Vemos então como uma medida legal aparentemente anódina, na realidade desloca fronteiras solidamente ancoradas nas mentalidades individuais, privadas ou, mais rigorosamente, como ela afeta a parte dos valores que os indivíduos privados, evoluindo no âmbito da família e da casa, estão menos dispostos a modificar, porquanto os consideram ser de uma esfera na qual "os de fora" não estão autorizados a se imiscuir e muito menos a intervir. Estabelece-se assim um verdadeiro braço de ferro entre os valores arraigados no indivíduo do espaço privado, isto é, entre sua própria mente, e aquilo que parece ser um direito básico numa sociedade de estado social contemporânea, o direito à proteção de quem trabalha. Pois bem, não podendo resistir eficazmente à intervenção pública na relação de trabalho que decorre no seio do lar, muitos desses indivíduos do espaço patriarcal (e aqui se incluem evidentemente as esposas, sendo elas que, muitas vezes, tratam dos assuntos concernentes às domésticas) acumulam ressentimentos. É a "raiva por perder a empregada abusada de mil formas", de que fala Jessé Souza.[31] Esses ressentimentos

[31] SOUZA, Jessé. "O engodo do combate à corrupção: ou como imbecilizar pessoas que nasceram inteligentes?". *In:* SOUZA,

explodem ao retardador, sob a forma do ódio e da vontade de revanche. Uma ilustração acabada disso é a presença, aquando das manifestações contra Dilma, de famílias acompanhadas pelas babás de seus filhos, que as seguiam sob suas ordens. Nessas imagens, há que reconhecer uma forma simbólica de regresso aos "bons velhos tempos", regresso à ordem dentro da qual a doméstica pouco ou nada mais era do que um apêndice da estrutura patriarcal familiar.

Outra ilustração é dada por uma foto que me impactou, feita por Valter Campanato aquando de uma reunião de grandes nomes do PSDB em Brasília, a 10 de dezembro de 2015. O combate político está no auge e a imprensa atribui a Fernando Henrique Cardoso a afirmação de que há evidências para o impeachment de Dilma.[32] Na imagem vemos, ao seu redor, onze homens sentados; terno e, na maior parte, gravata; ar ponderado, mas confiante, alguns sorridentes. Imediatamente à direita do pai, Aécio Neves; à esquerda, Geraldo Alckmin; um pouco adiante José Serra, que dentro de poucos meses se tornará ministro

---

Jessé; VALIM, Rafael (Coords.). *Resgatar o Brasil*. São Paulo: Editora Contracorrente/Boitempo, 2018.

[32] BRANDÃO, Marcelo. "Fernando Henrique Cardoso diz que há evidências para impeachment de Dilma". *No minuto*. 10 de dezembro de 2015. Disponível em: https://nominuto.com/noticias/poder/fhc-diz-que-ha-evidencias-para-impeachment-da-presidente-dilma/134270/. Acesso em 15 de abril de 2019.

de Temer. A foto reteve minha atenção pela presença exclusiva de homens advogando o impeachment da única mulher presidente da história do Brasil. Também em Salò os poderes são exclusivamente masculinos, as poucas mulheres autorizadas e, mesmo, solicitadas não sendo mais que subalternas e coadjuvantes. Num momento tão crítico do contemporâneo brasileiro, essa foto, pelas pessoas que ela representa (um ex-presidente da República, o presidente nacional de um partido, senadores, governadores), patenteia a grande clivagem entre masculino e feminino no que estava em jogo. Essa clivagem é marcante na sociedade: no Brasil, as instituições e, pior, as mentes permanecem controladas por homens brancos ricos que não raro desprezam aqueles que o não são – as mulheres, os negros, os índios, os pobres. Todavia, ela atingiu o clímax político-institucional na ferocidade contra Dilma. O que a foto expõe é o carácter sexuado e, neste caso, patriarcal, talvez não do impeachment no seu todo (no qual mulheres adversárias de Dilma também se empenharam), mas seguramente no coração do processo. Se tratava, para uma parte evidente da elite, de um problema entre homens e uma mulher. Em suma, em ambos os casos, no das babás e no de Dilma, reduzindo as diferenças a política incomodava e plantava a semente do ódio.

Isso me conduz a uma observação mais geral. Lemos por vezes que um dos erros do que alguns chamam de "lulismo" consistiu em integrar pessoas na economia em lugar de integrá-las na cidadania, de onde resultaria um ganho geral de comportamento consumista e uma perda também geral de atitude cidadã. As pessoas de quem se trata são, bem claro, os mais pobres. Talvez graças a seu conhecimento concreto, vivido, da diversidade brasileira, Lula deve ter aprendido muito cedo, no que deu provas de inteligência e perspicácia, que com os passivos históricos e mentais do país a grande luta que poderia travar-se no pouco tempo disponível (o que é uma década face à montanha que se tratava de mover?) consistia em dar acesso à cidadania econômica a quem dela estava excluído. Quem, durante os governos do PT, não captou que essa era a principal missão possível, talvez o capte agora. Tome-se o Bolsa Família, programa aviltado durante anos. Em 22 de novembro de 2006, Janio de Freitas dardejava, na *Folha de São Paulo*: "Lula está confuso, parece mesmo absolutamente confuso, porque se dedicou à conquista do segundo mandato sem dedicar sequer um minuto ao que deveria ser a sua desejada execução. Não foi só um programa, propriamente, que faltou. Faltou tudo. Lula não tem ideia do que fazer, apenas sente que seu governo foi e é economicamente vergonhoso".[33] Errar é humano,

---

[33] FREITAS, Janio. "O aeroporto de Lula". *Folha de São Paulo*. 22 de novembro de 2006. Disponível em: www1.folha.uol.com.br/fsp/brasil/fc2211200605.htm. Acesso em 19 de junho de 2019.

Janio de Freitas é humano. Diga-se de passagem que Janio de Freitas ou Reinaldo Azevedo, se levassem às últimas consequências a evolução recente de suas análises, que enfim se volveram lúcidas, deveriam pelo menos tornar-se simpatizantes declarados do PT, tal é a franqueza com que reconhecem o descalabro do Brasil pós-golpe e tanto se tornaram críticos do ódio hoje instalado no poder. Creio francamente que articulistas como Reinaldo Azevedo julgaram viver numa democracia liberal de "maturidade institucional", como escreve Dias Toffoli não sem certo humor. Agora, como diríamos em Portugal, "caem do céu aos trambolhões" ou, para empregar a fórmula corrente no Brasil, agora "caiu a ficha": infelizmente, o Brasil nem é, nem foi, uma democracia representativa liberal de "maturidade institucional".

Criticado como mentor de uma política vazia, Lula sabia que não poderia se atacar à estrutura das relações proprietárias: esse ataque teria um preço demasiado alto, seria a tão temida "venezuelização", como hoje se chama. Em vez disso, ele se atacou a nada menos do que aos fundamentos antropológicos de sua sociedade – aos fundamentos, como se não tivesse tempo a perder com "superficialidades". Com certeza, erros foram cometidos – como poderia ser de outro modo? Lula, Dilma e os outros não são menos humanos. Todavia, quando o mundo assiste em nossos dias, com espanto, às vagas de ódio, de horror e morte de que os grandes e pequenos poderes brasileiros se revelam capazes, é imprescindível entender que *só o fato de algo ter sido perturbado no plano mais íntimo da sociedade* pode explicar uma reação de conjunto de tão elevada potência. Dito de outro modo, pequenos erros cometidos aqui e ali na condução governativa de um país (a famigerada autocrítica) não conseguiriam desencadear a vaga de ódio a que assistimos. Então, minha observação pode ser sintetizada assim: contra aqueles que acusam o PT de ter querido integrar pela economia em vez de pela cidadania, entendendo por integração pela cidadania o esforço para dotar cada indivíduo de capacidade crítica e independente que lhe permite julgar por si mesmo os acontecimentos e as tendências do mundo circundante, há que reiterar uma ideia. Sirvo-me do Brecht-poeta para lembrá-la: *Erst kommt das Fressen, dann kommt die Moral.* "Primeiro o rango, depois a moral". E Brecht acrescentava: "Deve poder primeiro a pobre gente / Cortar do farto pão o seu pedaço".[34] Para também nesse caso adotar uma formulação mais consentânea com o cariz da argumentação, lembrarei que a integração na economia é, já por si, uma integração na cidadania, na medida em que a cidadania é mais do que um mero vínculo ligando um indivíduo a um

[34] *Dreigroschenoper*, "Ballade über die Frage 'Wovon lebt der Mensch'".

estado (este é apenas o sentido estritamente jurídico-legal do termo); ela é também, para exprimi-lo com Boaventura de Sousa Santos e na esteira de T.H. Marshall, um conjunto de "direitos sociais, no domínio das relações de trabalho, da segurança social, da saúde, da educação e da habitação", aos quais ascendeu no século XX "e, com plenitude, só depois da Segunda Guerra Mundial", "parte das classes trabalhadoras das sociedades centrais" do capitalismo organizado "e, de um modo muito menos característico e intenso, [...] parte de alguns setores das classes trabalhadoras em alguns países periféricos e semiperiféricos".[35] A expressão "cidadania econômica" tornou-se aliás corrente para denotar a integração dos indivíduos numa esfera própria da vida em comum, a dos deveres econômicos, mas também a dos direitos, sem a qual não existe nem integração política efetiva, nem integração cultural, essa última a que fazem alusão os defensores da formação crítica e ética das pessoas. De resto, basta ver a aposta feita na educação e a abertura, aos mais desfavorecidos, de espaços que antes lhes estavam vedados de fato, para entender que os governos do PT não descuraram a dimensão de formação dos cidadãos. Pelo contrário, apostaram nela.

Em sua notável reconstituição da história das relações entre a cidadania e a subjetividade, bem como

---

[35] SANTOS, Boaventura de Sousa. *Pela Mão de Alice*. São Paulo: Editora Cortez, 2013, pp. 243-244.

em sua análise dessas relações nas sociedades do final do século XX, Boaventura de Sousa Santos afirmava o seguinte: "o regresso do princípio do mercado nos últimos vinte anos representa a revalidação social e política do ideário liberal e, consequentemente, a revalorização da subjetividade em detrimento da cidadania. [...] A aspiração de autonomia, criatividade e reflexividade é transmutada em privatismo, dessocialização e narcisismo, os quais, acoplados à vertigem produtivista, servem para integrar, como nunca, os indivíduos na compulsão consumista" (p. 255). Ainda que verdadeiras, essas frases ganham em serem relativizadas. O que elas enunciam convém sobretudo àquilo que Boaventura chama de sociedades centrais do capitalismo avançado do hemisfério norte. Quanto às do sul (sobre as quais ele não cessou desde então de escrever), as "reivindicações de necessidades básicas" eram ainda prementes e aguardavam há muito para serem satisfeitas (p. 265). Por conseguinte, a equação cidadania/subjetividade não se formulava aí da mesma forma: era preciso integrar primeiro na economia e no bem-estar mínimo. Vemos a raiva que isso gerou, a ponto que o novo poder revanchista se empenha em acabar urgentemente com qualquer adquirido e em reencaminhar o maior número para fora da pouca cidadania econômica e social alcançada.

Depois da família como zona de valências antropológicas múltiplas, chego ao meu segundo exemplo. Conferi um teor antropológico ao que chamei diferença de estatuto. Uma ilustração nítida concerne às Forças Armadas. Na entrevista concedida em 26 de abril de 2019 a Mônica Bergamo e Florestan Fernandes Júnior, questionado sobre como avalia o papel dos militares no governo Bolsonaro, Lula responde com vivacidade desejar perguntar-lhes se alguém fez mais do que ele na presidência da República pelas Forças Armadas e qual a razão "do ódio que eles têm pelo PT".[36] Acrescenta que as pessoas que desempenham cargos devem ser nomeadas por suas qualidades e conhecimentos, não por seus estatutos. Em outras palavras, não é por alguém ser um militar ou pertencer a qualquer outra carreira que deve entrar para o governo ou integrar órgãos do estado. De resto, diz Lula, que os militares participem na política executiva brasileira sempre foi uma constante. E logo salvaguarda: com exceção dos governos de Fernando Henrique Cardoso e do PT...[37] Lula, com sua argúcia, sabe desde muito cedo que é por isso mesmo que a hierarquia militar não lhe perdoa: tê-la sobriamente, diplomaticamente, mantida afastada do que ela mais cobiça – o poder de estado, o sentimento de estar no

---

[36] Entrevista Lula sem cortes. Disponível em: www.youtube.com/watch?v=fdVRdNBuoHA, 59". Acesso em 15 de abril de 2019.

[37] Entrevista Lula sem cortes. Disponível em: www.youtube.com/watch?v=fdVRdNBuoHA, 1h01'56". Acesso em 15 de abril de 2019.

controle da situação. As altas patentes brasileiras – que me seja perdoada a franqueza – não desejam nem meios mais modernos, nem o respeito internacional. Elas desejam o poder de estado e a impunidade que isso lhes confere. Quando Bolsonaro, a respeito das equipes responsáveis por identificar, a partir de ossadas, os corpos de vítimas do terrorismo de estado brasileiro, subscreve a ideia que "quem procura osso é cachorro",[38] ele não está jogando com as palavras. Ele está antes fazendo duas coisas: chamando de cachorro os membros dessas equipes; e lançando um aviso: na mundividência tosca que é a sua e de quem o rodeia, esses cachorros inoportunos são feitos para abater. Dito com sofisticação: quem retira a esse tipo de militares o único, o imenso poder capaz de conceder a impunidade, malgrado o valor do que der em troca, deve ser afastado sem remédio mal a oportunidade se apresente. Por si só, a ação de Lula foi já um rude golpe no narcisismo marcial. Ademais, ele foi

---

[38] A expressão se refere à busca por desaparecidos na época da ditadura e estampava um cartaz pendurado na porta do gabinete de Bolsonaro quando ele era deputado. Ver, entre outros, "Bolsonaro encerra grupos responsáveis por identificar ossadas de vítimas da ditadura. Decreto que extingue conselhos e comissões atinge o Grupo de Trabalho Perus e o Grupo de Trabalho Araguaia". *Brasil de Fato*. Disponível em: www.brasildefato.com.br/2019/04/22/bolsonaro-encerra-grupos-responsaveis-por-identificar-ossadas-de-vitimas-da-ditadura/. Acesso em 13 de maio de 2019.

reconhecidamente o melhor presidente e é esse precisamente o seu crime, aquele que ele tem de expiar.[39]

Acresce a isso outro fator, ao qual não posso deixar de fazer alusão, na medida em que concerne à vez os militares e a impunidade. Lendo o livro de Gisele Amaya Dal Bó, *A Subversão silenciada*,[40] me apercebi de um contraste entre a Argentina, o Chile (países sobre os quais ela escreve) e o Brasil. Tanto nos dois primeiros houve uma política de memória e/ou julgamentos de pessoas implicadas em crimes de terrorismo de estado, tanto no Brasil a decisão da anistia em nome de uma transição pacífica afastou durante décadas a simples consideração de uma justiça, reparadora ou de outro tipo, com respeito aos não-ditos e às malfeitorias do período 1964-1985.[41] É muito provável que as chamadas políticas de memória mais não sejam que um sucedâneo da justiça, quando essa é tida como impraticável ou excessivamente

---

[39] É "o crime sem perdão" de que fala Jessé Souza em "O engodo do combate à corrupção: ou como imbecilizar pessoas que nasceram inteligentes?". In: SOUZA, Jessé e VALIM Rafael (Coords.) *Resgatar o Brasil*. São Paulo: Contracorrente/Boitempo, 2018, p. 27.

[40] DAL BÓ, Gisele Amaya. *La Subversion passée sous silence. Politiques de mémoire sur la dictature en Argentine et au Chili*. Paris: L'Harmattan, 2018.

[41] Sobre este ponto, ver: BRANCO, Guilherme Castelo (Coord.). *Terrorismo de Estado*. São Paulo: Autêntica, 2013.

dispendiosa em dado momento da história de um país: sendo uma estratégia de substituição ou uma solução alternativa ao julgamento, não existe nelas justiça como ciclo de acusações judiciárias, julgamentos e condenações. Ainda assim, nem política de memória houve no Brasil, no sentido em que ela foi praticada em países vizinhos, com reconhecimento das vítimas como vítimas, ainda que os criminosos não fossem nomeados. Não tendo sido expiado, esse passado manteve-se latente tanto entre seus agentes e pacientes quanto entre as famílias de uns e de outros, e adormecido no espaço público. Ora, a questão que interessa não é de saber se existia ou não outra opção para a transição democrática, nem de saber como seguir vivendo ao lado de seu torturador, mas de saber qual o preço a pagar tanto pela interdição de abordar publicamente uma parte dolorosa do passado individual e coletivo, quanto ao invés pela abordagem explícita deste passado. Durante algum tempo, a ideia de anistiar com o fim de "manter a união nacional" deu certo. Sendo falsa num sentido, uma tática para escamotear a clivagem entre dois "Brasis", ela impediu muito do trabalho sobre o problema. À falta de reconciliação, houve pelo menos apaziguamento. Porém, sob este apaziguamento jazia um problema deixado em espera.

A consequência que desejo sublinhar aqui é a seguinte: isso inviabilizou toda educação para a cidadania democrática *enquanto oposta à sujeição ditatorial*. Podemos reconstituir aqui uma outra coerência – integrar primeiro na cidadania econômica e social, antes que estivessem reunidas as condições históricas e de mentalidades para uma integração avançada na consciência política cidadã. Porém, a partir de 2011, quando parecia chegado o momento de passar a essa nova etapa, bastaram os trabalhos da Comissão nacional da verdade para despertar ressentimentos surdos. Somos desde logo convidados a refletir em termos de um potente retorno do recalcado (resta saber se o termo convém), que se produziu assim que as condições se apresentaram. Por definição, "a sede de sangue e a ânsia de vingança", para empregar uma expressão de Carlos Fernández Liria,[42] desconhecem reconciliação e apaziguamento. Também nesse ponto é revelador que Bolsonaro tenha dedicado seu voto no momento do impeachment à memória de Brilhante Ustra, homem que não foi julgado. Por conseguinte, o fator ao qual me refiro e que associa os militares à impunidade é duplo: ausência de política de memória, por uma parte; seguida de um despertar de velhos fantasmas provocado pela busca da verdade, por outra parte. Faço eco a uma hipótese, que escutei de Maud

---

[42] LIRIA, Carlos Fernández. "Sed de sangre". *Cuartopoder*. 31 de janeiro de/2019. Disponível em: www.cuartopoder.es/ideas/2019/01/31/venezuela-sangre-ansia-ve. Acesso em 02 de maio de 2019.

Chirio, historiadora, consultora da Comissão nacional da verdade: o comportamento de alguns militares seria um efeito indireto dos trabalhos desta comissão[43]. Ou seja, a comissão teria tido um efeito de rastilho, para o bem e para o mal. Para o bem, com uma fatia da jovem geração se apropriando deste trabalho e organizando o escracho. Para o mal, promovendo temíveis ressentimentos, engrossando as fileiras dessa mescla de ódio, sede de sangue e ânsia de vingança que forma o "bolsonarismo". Por todos esses motivos, a ação de Dilma se destaca como corajosa – investigar os grandes não-ditos, selados aquando do fim de um regime tenebroso. Mas pode ser que ela, mulher incorruptível, tenha também assinado parte de sua sentença quando ansiou que viessem à luz do dia alguns fatos: quem *torturou* quem, quem *matou* quem, quem *mandou matar* quem, quem *encobriu os crimes* de quem. Que o estado tenha tomado por sua conta tais preocupações, não podia ser tolerado. Lula deu provas, parece, de mais habilidade na gestão desse dossiê, achando, possivelmente com razão, que agir de outro modo abriria a caixa de Pandora. Já nos últimos anos, em 2015, quando a ascensão dos militares se tornou patente, sua Fundação criou um "Memorial da democracia", sinalizando que não houve política pública de memória.

---

[43] Disponível em: www.youtube.com/watch?v=SR8j5TAUQ08>, 49'. Acesso em 02 de maio de 2019.

Eis um emaranhado de problemas que deverá um dia ser deslindado, isto é gravemente ponderado por aquelas e aqueles que se batem pela democracia.

Para voltar ao argumento das diferenças antropológicas, creio que ele contribui para a resposta à pergunta pela fonte da reação atual a Lula e a Dilma. Mas só a fonte não explica. Há que acrescentar as condições que a tornaram produtiva ou, se quisermos outra imagem, a fertilidade do terreno onde a semente germinou. Essas condições, essa fertilidade, são em grande parte a crise econômica, conjugada (é preciso não esquecer) com o desgaste naturalmente provocado por mais de uma década ininterrupta de governação. Em intervenções recentes, Christian Laval tem chamado a atenção para a quase-simultaneidade da eleição de Trump nos Estados Unidos, o golpe de estado na Turquia envolvendo Erdogan e o impeachment de Dilma, ocorridos todos em 2016, a que se segue o referendo do Brexit em março de 2017. Sua hipótese é que "as formas políticas ditatoriais" instaladas na sequência de alguns destes fenômenos "mantêm, prolongam, reforçam em certos casos o neoliberalismo, ao explorar, por uma manobra absolutamente notável, todos os ressentimentos, todas de paixões mais negativas nascidas a partir de consequências do próprio neoliberalismo."[44]

[44] Comunicação de LAVAL, C. ao fórum "(De) Lula – (a) Bolsonaro: trajetórias brasileiras, situação atual e perspectivas para

Isso é provavelmente exato, pelo menos até certo ponto. Mas não ver senão essa causa (e bem sei que Christian Laval vê outras causas paralelas) seria interditar-se uma visão matizada e, sobretudo, complexa das coisas. Numa versão redutora dessa leitura, mas para alguns tentadora, bastaria dizer "neoliberalismo" para julgar ter captado A Causa e cuidar que se compreendeu tudo. E, ao mesmo tempo, isso seria suficiente para designar o inimigo a abater, a "ordem mundial" e local que precisaria ser substituída. Esse objetivo uma vez alcançado, tudo ou quase estaria resolvido. O problema é que, como o neoliberalismo assim considerado nos é apresentado como tendo alcançado a dominação não só da produção material, mas também da produção espiritual (não só a economia, mas também a subjetividade), vê-se mal por que caminhos se sairia desse universo asfixiante... Pelo contrário, apesar do interesse que comungo pelos estudos sobre o neoliberalismo, acredito em duas coisas: na necessidade de multiplicar as causas, em vez de pensar que uma só causa alargada teria a capacidade explicativa essencial; e de localizar práticas de liberdade no próprio seio do presente. Que o problema é também socioeconômico e de governamentalidade, quem seria capaz de o negar? Todavia, ele não

---

o futuro". Universidade de Paris 8. 11 de dezembro de 2018. Disponível em: www.ciph.org/IMG/mp3/2018-12-11_forum-bresil.mp3, 27'-33'. Acesso em 02 de maio de 2019.

é menos antropológico, como vemos a partir das diferenças mencionadas; nem menos psicológico, como na sensação de volúpia; nem menos histórico, herdado do colonialismo, da escravatura e do coronelismo que impactam no pouco valor atribuído à igualdade. Por conseguinte, não é o monopólio de uma causa, ainda que complexa, que deve ser restituído. São antes as diversidades internas. Também não é verdade que tudo esteja dominado: como prova, numerosos são aquelas e aqueles que continuam lutando por valores justos.

Escrevi atrás que, no momento das eleições de outubro de 2018, tinha o sentimento de que muitos brasileiros queriam mergulhar no sangue. Pode-se objetar a essa tese que o que eles queriam era uma maior liberalização da economia, coisa que Haddad não estaria disposto a fazer – daí a inclinação por Bolsonaro. Esse argumento não convence. O ódio acumulado não era de ordem "simplesmente" econômica. E, depois de acumulado, era preciso derramá-lo e saciá-lo nem que na aventura perecessem aqueles mesmos que odiavam; nem que com isso tivessem de sacrificar os seus. Em dois livros importantes, Gilles Deleuze e Félix Guattari se debruçaram sobre os regimes de Hitler e Mussolini, escrevendo que mais pertinente do que "invocar o desconhecimento ou a ilusão das massas para explicar o fascismo [é exigir] uma explicação pelo desejo, em termos de desejo: não, as massas não foram enganadas, elas desejaram o fascismo num certo momento, em determinadas circunstâncias, e é isso que é necessário explicar, essa perversão do desejo gregário".[45] Este é um excerto do *Anti-Édipo*. Alguns anos mais tarde, em *Mil Platôs*, esclarecem, todavia, que as massas não são masoquistas: "É verdade que as massas não sofrem passivamente o poder; elas tampouco 'querem' ser reprimidas numa espécie de histeria masoquista e tampouco são enganadas, por um engodo ideológico. Mas o desejo nunca é separável de agenciamentos complexos que passam necessariamente por níveis moleculares, microformações que moldam de antemão as posturas, as atitudes, as percepções, as antecipações, as semióticas, etc".[46] Dito por outras palavras, os desejos não são apenas econômicos no sentido estrito, ainda que eles tenham sua economia, isto é sua harmonia, lógica e estruturação. Eles são também agenciados por outros fatores, entre eles o passado coletivo, as diferenças antropológicas sedimentadas, e os compromissos e conflitos que estes veiculam. Pensando na experiência trágica europeia de um século atrás, diria que no cruzamento ou no agenciamento desses elementos dinâmicos, pôde ocorrer o "trabalho

[45] GUATTARI, Félix; DELLEUZE, Gilles. *L'Anti-Œdipe*. Paris: Minuit, 1972.

[46] GUATTARI, Félix; DELLEUZE, Gilles. *Mil Platôs*. vol. 3. São Paulo: Editora 34, 1996.

de parto do tipo de pessoa fascista", para servir-me novamente de uma expressão de Klaus Theweleit (p. 215). Todavia, não desejando confundir o que se passa hoje com o que foi o fascismo histórico, resisto em transpor, para nossa condição presente, esse termo. Tal transposição, se fosse possível, não seria exequível sem demasiadas ressalvas. Ao invés, me parece mais frutífero – e exigente – nomear nosso tempo com palavras distintas das do passado, nem que seja para logo em seguida estabelecer semelhanças detectáveis, em paralelo com as divergências. Direi por isso que no cruzamento ou no agenciamento destes elementos dinâmicos pôde ocorrer o trabalho de parto do indivíduo, do grupo e da massa odiosa cristalizados na adesão a Bolsonaro.

Agora – e essa vertente me parece incontornável – há que dar-se conta que as tensões não existem apenas entre pessoas ou entre grupos (por ou contra Bolsonaro), mas também no interior de cada sujeito. Que o auditório da Fundação Fernando Henrique Cardoso, e o próprio, riam quando Levitsky recorda as palavras funestas do antigo deputado me faz crer que uma pulsão de morte atravessa (talvez paradoxalmente de forma alegre) uma grande parte dos brasileiros. E com certeza não descarto, pelo contrário, o ódio de si e dos seus: somos nós suficientemente brancos, suficientemente machos, suficientemente urbanos, suficientemente ricos? Nossos familiares e nossos colegas de trabalho o são também? Com frequência, diria, quem odeia não se apercebe que, odiando outros, odeia uma parte de si mesmo. O que aparece ou se apresenta como o ódio ao PT é somente a ponta do iceberg desta irrupção coletiva. Odiar o PT é antes de mais odiar o negro, o pobre, o analfabeto. E não serve de contra-argumento que muitos negros, pobres e analfabetos tenham votado por Bolsonaro: isso não contraria em nada o que estou tentando exprimir, que é a ideia de que o negro que vota Bolsonaro, em algum lugar odeia o negro que há em si; o pobre, o pobre que há em si; o analfabeto, o analfabeto que há em si. Por razão maior, quem odeia o PT sem ser ou sem se reconhecer como negro, pobre ou analfabeto, odeia a parte de si que ainda o liga ao negro (pela mestiçagem, por exemplo), que ainda o liga ao pobre ou à vida modesta (pela ascendência familiar, tantas vezes saída de uma imigração econômica); odeia o analfabeto, em vez de pretender instruí-lo. Bolsonaro é dos primeiros a ser assombrado por estes ódios, aos quais dá expressão, mais do que é a causa deles. E observando a realidade a partir do ângulo oposto, direi que o PT é o receptáculo de todos esses sentimentos, não a sua causa, ao contrário do que propalam aqueles que o odeiam, enquanto ele mantém explicitamente o discurso da concórdia e da conciliação. O ex-presidente sintetizou isso na fórmula conhecida "Lula paz e amor". Mas ele próprio soube entender, durante a campanha eleitoral, que uma parte importante do povo não queria mais paz nem amor e aconselhou Haddad a não fazer da crítica política de Bolsonaro o coração do discurso, antes a colocar como central a crítica econômica: "Bolsonaro é o candidato dos ricos", "Bolsonaro é contra os direitos sociais"... Resumindo, Lula captou que "as pessoas", isto é uma parte demasiado importante do eleitorado, queriam um candidato autoritário. Talvez tenha mesmo intuído que elas queriam um fascista. Um dito célebre de Lacan em 1969 não pode deixar de assaltar-nos: o que vocês aspiram é a um mestre – vocês o terão.[47]

Tocar as diferenças antropológicas consolidadas suscita um ódio (incluindo de si) ao qual se opõe o amor de que Lula se reclama. Não fingirei que se trata aqui de um puro amor, que não existe na vida humana e nos reenvia antes ao que se chama "o amor de Deus". Pode até ser que haja algo de ódio ou, mais precisamente, de raiva na oposição à miséria e a quem a perpetua. Mas essa raiva, se ela existe em Lula e no que ele representa (como resquício do velho "ódio de classe"), é convertida em combate contra as injustiças. Em contrapartida, ela não é convertida por Bolsonaro nem por seus adeptos, nos quais se apresenta em estado bruto ou primeiro, o da violência

[47] LACAN, Jacques. "Analiticon". *In*: *Le Séminaire: livre XVII:* Le revers de la psychanalyse, 1969-1970. Paris: Seuil, 1991, p.239.

física e da vontade de eliminação. E não obstante saibamos que, porquanto não existe puro amor, a inclusão sempre se acompanha de exclusões e, inversamente, a exclusão promovida pelo ódio implica também inclusões, creio que podemos afirmar que o ódio quer sobretudo excluir, o amor sobretudo incluir.

Antes de perguntarmos se Lula é realmente o líder corrupto que os tribunais condenaram, devemos ter presente que, num país como o Brasil, infelizmente a justiça não é igual para todos. Tal como não são iguais entre si no acesso à saúde, à educação e à habitação, os brasileiros também não o são perante a lei. A igualdade é uma noção ausente na prática da justiça e creio que também pouco aceita pela classe média, para não falar da alta. E as clivagens de raça, de classe, de sexo, ainda demasiado profundas para permitir a imparcialidade das instituições. Em seu breve e estimulante livro, *O Estado de exceção: a forma jurídica do neoliberalismo*, Rafael Valim escreve que, no Brasil, "persiste uma sociedade profundamente autoritária, hostil aos mais elementares avanços em termos de direitos humanos, o que, naturalmente, *explica a facilidade com que a exceção não só é assimilada, como também dissimulada em seu seio*".[48] Em dezembro de 2018, numa conferência em Paris, ele acrescentava que "no Brasil nós sempre

[48] VALIM. Rafael. *O Estado de exceção:* a forma jurídica do neoliberalismo. São Paulo: Contracorrente, 2017, p. 40.

tivemos estados de exceção, mas contra os pobres, contra os negros. Não é justo dizer que só agora temos um estado de exceção. Os negros, os pobres, nunca conheceram o estado de direito no Brasil".[49] Essa verdade geral é ainda mais quando se trata de Lula. Pelo fato de ter sido o único sindicalista eleito e reeleito presidente em eleições livres, ele atrai todas as paixões, desde a grande admiração ao ódio visceral. Presentemente, como é reconhecido até por Reinaldo Azevedo, um dos editorialistas de direita outrora mais virulentos no ataque ao PT, o antigo chefe de Estado é "vítima de um processo de exceção".[50]

Por isso, em vez de falar do crime de Lula, prefiro considerar as coisas pelo ângulo inverso e falar do *crime contra Lula*, em dois sentidos da expressão: a imoralidade que consiste em condená-lo ao cabo de um processo preparado exclusivamente com esse fim,

---

[49] VALIM, Rafael. Intervenção no fórum "(De) Lula – (à) Bolsonaro: trajetórias brasileiras, situação atual e perspectivas para o futuro", Universidade de Paris 8. 11 de dezembro de 2018. Disponível em: www.ciph.org/IMG/mp3/2018-12-11_forum-bresil.mp3, 2h19m. Acesso em 02 de maio de 2019.

[50] AZEVEDO, Reinaldo. "É evidente que Lula está sendo vítima de um processo de exceção e de procedimentos que agridem o direito de defesa". *Folha de São Paulo*. 06 de abril de 2018. Disponível em: www1.folha.uol.com.br/colunas/reinaldoazevedo/2018/04/e-evidente-que-lula-esta-sendo-vitima-de-um-processo-de-excecao-e-de-procedimentos-que-agridem-o-direito-de-defesa.shtml. Acesso em 02 de maio de 2019.

independentemente da existência ou não de provas (já lembrei que nem o papa conseguiu guardar silêncio a respeito). E, segundo sentido, o *crime contra Lula* como associação de malfeitores conluiados contra ele. Pois onde já se viu um operário dar cartas? "O operário em construção", isso são lirismos para os poemas de Vinicius. O operário que se constrói, isto é não se verga, ou tem o seu braço quebrado como no caso do militante do PT na delegacia de polícia de Atibaia, a 3 de março de 2019,[51] ou vai para a cadeia. Tomando à letra o texto de Vinicius de Moraes, Lula continua sendo um operário em construção, tanto no que lhe infligem quanto na resposta que ele dá: "Teve seu rosto cuspido / Teve seu braço quebrado / Mas quando foi perguntado / O operário disse: Não!"[52] É evidente que a via indicada pelo poeta e pelo operário ainda não foi integralmente percorrida.

---

[51] STEFANO, Daniela. "Após ser agredido por bolsonaristas, militante do PT tem braço quebrado pela PM, 4 de março de 2019". Disponível em: www.brasildefato.com.br/2019/03/04/policial-quebra-propositalmente-braco-de-dirigente-do-pt-em-atibaia/. Acesso em 02 de maio de 2019.

[52] MORAES, Vinícius. "O operário em construção". *In: Novos poemas II*; Rio de Janeiro: Companhia das Letras, 1959.

4

depois de *salò*, o presente e as perspectivas de curto prazo

Quando recorri a *Salò*, não pretendi encontrar no filme uma ilustração para o conjunto do processo brasileiro. Fazê-lo seria infrutífero e até insensato. As referências a Pasolini só ajudam a entender uma etapa do processo, ainda que decisiva, sem a compreensão da qual nem a lógica nem a dinâmica de conjunto serão captadas. Pelos excessos que lhe conferem seu carácter anormal, a situação encenada pelo realizador não pode durar indefinidamente. Na verdade, ela sequer pode durar muito. Como Sade, Pasolini limitava essa duração a 120 dias. *Salò* é, pois, um concentrado: sobre quatro figuras que encarnam outros tantos poderes, ele projeta o paroxismo do crime. Na tentativa de estabelecer o paralelo com o Brasil, e perfeitamente consciente que nem tudo no filme convém à nossa realidade, escrevi acima que não existe neste qualquer centralização em uma pessoa (O Tirano), mas ao contrário uma partilha do poder que nunca se transforma em dispersão. Assim, o grupo de dominadores permanece restrito. E cada um joga o jogo, pois se satisfaz nele. Correlativamente, os abusos cometidos entre dominantes não ocorrem – isso seria quebrar o pacto.

Ora, uma diferença em relação ao Brasil se revelou já há algum tempo. Desde o início da película, soldados em uniforme aparecem, com sua panóplia de armas, carros, motos. Mas em *Salò* a força das armas permanece à ordem das quatro figuras maiores. Ela é seu braço, desprovido de uma cabeça própria. Em vez disso, na novela brasileira as forças armadas começaram por se fazer convidadas, em seguida se impuseram aos quatro primeiros poderes, e enfim se tornaram dominantes. De um certo ponto de vista, isso contribui para aclarar um pouco as perspectivas atuais. A hierarquia militar tomou a cargo diferentes ministérios, enquanto militares ocupam igualmente outros lugares-chave nas instituições governamentais e para lá delas, até ao Supremo Tribunal Federal. É sabido que não existe democracia militar.

As Forças Armadas não funcionam na base da democracia, mas na do seu inverso, a hierarquia rígida e a obediência estrita do inferior às ordens do superior, o qual não é nem eleito nem questionado por quem se encontra abaixo. Por isso também, em democracia os militares devem observar uma reserva rigorosa quanto a matérias políticas. Exceções existem com certeza: Portugal teve sua transição da ditadura para a democracia nos anos posteriores a 1974 em grande parte assegurada por militares. Somente, eles não se instalaram na rede capilar do exercício dos poderes, antes deixaram essa rede à responsabilidade de civis, o que configura uma situação excecional e, ademais, provisória, que se desfez com o desaparecimento integral dos militares de cargos de estado.

No Brasil, um dos fatores que contribui para o reforço recente das posições dos militares é o surgimento e a acentuação de divergências e conflitos entre os outros poderes, aqueles que em *Salò* reinavam sem partilha. Cada vez que saem notícias sobre tais divergências, essas parecem se dissolver ou pelo menos se atenuar em benefício da presença marcial. Tomem-se como ilustração os filhos de Bolsonaro. Manifestamente sedentos de poder, eles se transformaram pouco a pouco em fonte de problemas, a ponto que os militares decidiram limitar sua margem de manobra. Os filhos do presidente tardaram em captar que não podem governar sem seus parceiros-cúmplices, caso contrário esses se encargarão de afastá-los – um pouco como no interior das máfias, por acerto de contas. É aqui que as revelações sobre o assassinato político de Marielle Franco adquirem sentido. Destinado à partida a ficar sem solução, o "dossiê Marielle" poderá um dia ser resolvido se, porventura, a descoberta dos mandatários do crime implicar os filhos de Bolsonaro e se, ao mesmo tempo, estes se tornarem incômodos para a harmonização e manutenção do "pacto de Brasília". Com o escândalo do mês de janeiro de 2019 a respeito dos laços entre Flávio Bolsonaro e a milícia do Rio encargada do assassinato, tudo isto acompanhado por suspeitas de branqueamento de capitais de que o próprio casal Bolsonaro teria talvez beneficiado, uma desconfiança adicional se forma: será um governo de militares tão ou mais corrupto do que aqueles contra quem foi feita campanha eleitoral? Mais concreta ainda é essa outra interrogação: qual será a sorte do presidente, no caso extremo em que os militares decidam excluir seus filhos? E até quando o próprio Jair Bolsonaro servirá de disfarce aos verdadeiros detentores do poder? Implícita ou explicitamente – e no meu receio explicitamente –, o Brasil voltará à senda da ditadura militar, naturalmente com exclusão de qualquer eleição livre, isso durante vários anos. Mas, para lá de minhas idiossincrasias, capital é estar consciente de que, com a infiltração dos militares no poder, serão eles sem dúvida quem, a partir do estado, porão ordem na desordem atual, produzindo o endurecimento do regime.

Nesta altura já deve ter ficado claro que o tema da corrupção, não obstante sua omnipresença durante a campanha eleitoral de 2018 e os três anos que a precederam, ocupa em minhas análises um estatuto secundário. O mal-estar antropológico e psicológico apoiado nas inércias históricas, e propulsado conjunturalmente pela luta político-institucional e a crise econômica, tem aqui o papel preponderante. A própria escolha de Moro para o ministério da justiça e de segurança pública não foi feita porque Bolsonaro quisesse particularmente combater a corrupção, sim como compensação pela atuação política do juiz e para extrair de sua aura de seriedade e austeridade um benefício de crédito. Dito de outra forma: o superministro serviu e serve, com seu manto de "inimigo dos corruptos", como encobrimento de outras causas ou fatores, eles sim fundamentais. Precisamente porque a corrupção é um mote e não um fundamento, não é por serem eventualmente corruptos que os *Bolsonaros* serão tocados pela lei. E se, em última instância, um dos filhos do presidente o for, este ficará abrigado, pois é o rosto descoberto detrás do qual se escondem as forças mais pujantes que verdadeiramente governam (os militares, os fabricantes de armas, o agronegócio, os evangelistas, entre outros). Pois, o que querem os eleitores que fizeram pender a balança só muito superficialmente tem a ver com a corrupção e a honestidade, antes com a ordem – ou o que lhes parece tal. Um pouco pela mesma razão, embora em outro contexto, Trump não cairá por questões ou suspeitas de corrupção, aparentemente bem mais complicadas de provar do que as de membros da família Bolsonaro. No ponto em que se encontra uma parte considerável, talvez mesmo esmagadora de eleitores como no Brasil, o slogan do combate à corrupção pode decerto servir para desacreditar os responsáveis políticos precedentes (no caso brasileiro, Lula, Dilma e o PT); ele não atingirá os novos governantes eleitos na vaga desta campanha.

Marginalmente, essas afirmações em que aproximo fugazmente os atuais presidentes do Brasil e dos Estados Unidos podem induzir em erro. Com exceção de dois ou três pontos em que me parece que as duas figuras coincidem, é mais importante sublinhar aqueles em que elas se distinguem. Por outras palavras, é verdade que ambos têm afinidades e comungam de valores. Pergunto-me *en passant* se Trump não sente pelo seu homólogo brasileiro uma condescendência com pitadas de desprezo, quiçá diretamente proporcional à admiração simplória que este demonstra pelo presidente estado-unidense. Sobretudo, penso que os dois políticos são sustentados por sentimentos que, dentro de certos limites, se assemelham. À parte a explicação já evocada da eleição de ambos como resultando da exploração de ressentimentos resultantes da aplicação de políticas neoliberais, mencionarei três. O primeiro é o fato de Trump haver sido preferido a uma mulher, Hillary Clinton, e de ter sucedido a um negro, Barack Obama – as diferenças antropológicas refulgem aqui e não creio que o papel delas deva ser negligenciado. O segundo é o comportamento de casta familiar e patriarcal no modo de governar e de aconselhar-se, Trump e Bolsonaro apoiando-se em seus filhos e parentes próximos. Enfim, a terceira semelhança é que o autoritarismo de Bolsonaro está entre aqueles que, se posso regressar ao livro de Étienne Balibar, conjugam o neoliberalismo da peritagem econômica de tipo governança com o carisma de um chefe, cuja autoridade não apenas não é contestada, mas é ao invés admirada. Todavia, duas diferenças maiores merecem ser recordadas. Por uma parte, Bolsonaro é um militar de formação, antigo capitão aposentado, homem tão submisso à hierarquia militar que pediu permissão a seu vice-presidente para tomar a palavra no momento da posse, isso porque o vice-presidente, ainda que também aposentado, é um general. O mesmo não sucede com Trump, cujas relações com o poder marcial são diferentes sob múltiplos aspetos e acerca do qual o mínimo que pode dizer-se é que não está às ordens deste último. Por outra parte, tanto Trump é um milionário que dirige com astúcia e inteligência um império empresarial, tanto Bolsonaro é um inepto que não construiu nada de admirável nem teve papel ativo de legislador durante os anos de presença na Câmara dos deputados. Temos então que nos haver com um homem altamente astucioso à cabeça dos Estados Unidos, frente a um desqualificado grotesco à cabeça do Brasil.

Quando recorro a essa expressão, "grotesco", não é na intenção do insulto, mas na ordem do que Foucault chamava o sentido "rígido ou sério" do conceito: grotesco, em se tratando de poder e, mais ainda, de poder de estado, é "o fato, para um discurso ou para um indivíduo, de deter por estatuto efeitos de poder de que sua qualidade intrínseca deveria privá-los".[53] As aparições públicas de Bolsonaro, a pobreza formal e substancial de seus discursos, a repetição até à náusea do gesto figurando a pistola ou a metralhadora acompanhado de um riso alvar, a capacidade notória para anunciar uma decisão e depois o seu contrário, a continência feita à bandeira dos Estados Unidos, os *twittes* carnavalescos, os ditos acerca do que significa para ele presidir a República e acerca de sua incompetência em matéria econômica, a falta de tato nas afirmações sobre temas nacionais e internacionais formam um indivíduo que a todo momento

---

[53] FOUCAULT, Michael. *Os Anormais*. São Paulo: Martins Fontes, 2010, p. 15.
Mais ainda, "O poder político, pelo menos em certas sociedades, em todo caso na nossa, pode se atribuir, e efetivamente se atribuiu, a possibilidade de transmitir seus efeitos, e muito mais que isso, de encontrar a origem dos seus efeitos num canto que é manifestamente, explicitamente, voluntariamente desqualificado pelo odioso, pelo infame ou pelo ridículo".

se ridiculariza e, essa é a arte das pessoas que o secundam, extrai disso um proveito: ele se torna "o mito". Marcia Tiburi aprofunda excelentemente o problema no seu livro *Ridículo político*, de 2017, quando a perspectiva de ter Bolsonaro presidente estava longe de ser crível. Mas o grotesco tal como encarnado por Bolsonaro tem um efeito suplementar. Existindo nele algo da espontaneidade dos simples – diz o que pensa sem pensar no que diz –, ele trai a verdade do que cogitam os que o rodeiam. Não obstante comunguem da grande verdade do pacto de Brasília como dos valores que o sustentam (legitimidade da tortura, inferioridade das mulheres – famílias pobres "sem pai e avô, mas com mãe e avó" são "fábricas de desajustados", *dixit* Hamilton Mourão)[54] e das finalidades com as quais foi estabelecido (reforço do poder material e simbólico dos participantes), militares mais avisados sabem que essas coisas não podem ser expostas na praça pública. Não se trata, pois, de um conflito entre verdades, porquanto há uma verdade partilhada; mas de divergências quanto à pertinência de exprimi-la e de declină-la em verdades menores,

[54] GIELOW, Igor. "Casa só com 'mãe e avó' é 'fábrica de desajustados' para tráfico, diz Mourão". *Folha de São Paulo*. 17 de setembro de 2018. Disponível em: www1.folha.uol.com.br/poder/2018/09/casa-so-com-mae-e-avo-e-fabrica-de-desajustados-para-trafico-diz-mourao.shtml. Acesso em 02 de maio de 2019.

concretas, sobre cada assunto preciso. Por isso, Mourão na vice-presidência ou Eduardo Villas Bôas na chefia do estado-maior do exército passam por mais sensatos que Bolsonaro e, assim, por interlocutores preferíveis. São razões sobejas, provavelmente, para invalidar a ideia de uma transfiguração possível de Bolsonaro em Arturo Ui, como o imaginou Brecht e soberbamente interpretou Martin Wuttke. Ui é a personagem de teatro que, inspirada da ascensão de Hitler, se transmuda de pequeno canalha de bairro em grande criminoso mundial. Ora, o grotesco que transborda em Bolsonaro leva a crer que ele não dispõe nem dos recursos anímicos nem da argúcia requerida para tal metamorfose. Suas ações e palavras antes traçam o perfil reconhecível do títere, ora divertido ora implacável, mas sempre pouco crível, colocado ao leme do poder por forças que o manipulam e ultrapassam, a pontos que ele sente dificuldade em entendê-las. Uma coisa, porém, ele não ignora: que elas o conduzem de forma irresistível.

Em contraste saliente com ele está o tipo de indivíduo de Sérgio Moro. Este é a ilustração perfeita do magistrado ativamente implicado, e mesmo protagonista, na transição de um regime flexível para um autoritário. Por diversas razões, há que prestar-lhe atenção. Durante algum tempo, ele teve a aparência de uma modesta roda no âmago de uma engrenagem complexa, elemento menor destinado a desaparecer e a ser esquecido assim que sua missão houvesse sido cumprida. Essa missão, já o sabemos, consistia em perseguir judiciária e policialmente um indivíduo com vista a condená-lo sem provas, no que foi uma condenação de estado. A esta infâmia somou-se uma outra, a de tornar-se em seguida ministro de quem apenas foi eleito porque o condenado sem provas se viu impedido, na sequência da condenação, de disputar as eleições. Agora, Moro não deveio ministro de mau grado nem sem conhecimento de causa: ele aderiu voluntária e conscientemente à presidência de um apologista da ditadura, da tortura e dos torcionários. Desponta aqui um momento crítico, divisório, que pode ser enunciado assim: quem adere ao poder de um chefe que odeia a democracia, faz a defesa da forma ditadura, honra a memória do torturador e advoga a eliminação dos adversários – "esses marginais vermelhos serão banidos de nossa pátria"[55] – se coloca *ipso facto* sob a autoridade deste poder, o serve e consolida. Deste ponto de vista, a conivência entre os dois homens e aquilo que representam, monstruoso *Bolsomoro*, é tão indesmentível quanto pérfida.

---

[55] MARCELLO, Maria Carolina. "'Esses marginais vermelhos serão banidos de nossa pátria', diz Bolsonaro". *Extra/Reuters*. 21 de outubro de 2018. Disponível em: <https://extra.globo.com/noticias/brasil/esses-marginais-vermelhos-serao-banidos-de-nossa-patria-diz-bolsonaro-23174407.html>. Acesso em 02 de maio de 2019.

Acumulando os domínios da justiça e da segurança pública, por conseguinte os tribunais e as polícias, o antigo magistrado eleva ao topo da potência estatal a confusão que reinou em suas ações como juiz de primeira instância. Dito de outro modo, a estratégia que adotou do julgamento de vingança, distinto do julgamento que distribui a justiça, se encontra agora promovida a política de estado, com a força multiplicadora que isso lhe confere. Cedo ou tarde estarão criadas as condições legais para uma caça às bruxas de mais largo espectro e passando além de um punhado de indivíduos concretos, com tortura incluída, protegida se não promovida por Moro em pessoa. Fiador dos torcionários, como indicam claramente suas primeiras propostas legislativas, e dos magistrados que, como ele, condenam sem provas, será a cobertura austera, provida de uma falsa aura de combate à corrupção, dos executantes dos crimes de estado. Com certeza, desconhecemos hoje até que ponto chegará esse processo. Por exemplo, para os novos poderes que ainda estão se instalando, haverá tolerância para com o PT? Ou, ao contrário, será ele perseguido judiciária *e* policialmente, sob as duas frentes agora nas mãos de um só ministro? Perguntamo-nos em margem: não é talvez prevendo essa perseguição que Ciro Gomes descartou aproximar-se do Partido dos Trabalhadores? Talvez supondo que o PT não terá um futuro fácil, prefere jogar no tudo ou nada, no que tem muito a ganhar ou tudo a perder.

Se a glória de Temer como figura do ano da *Isto é* foi não apenas vã, mas também breve, a de Moro, um dos mais culposos numa linhagem de magistrados culposos, corre o risco de durar ainda. Para um português de minha geração, ele traz à recordação outra figura cujo percurso é conhecido; e o nome, vilipendiado: António de Oliveira Salazar. Este jurista da universidade de Coimbra permaneceu tão severo e autoritário quanto eficaz, enquanto foi ministro das finanças do regime militar saído do golpe de estado de 28 de maio de 1926. Tendo abandonado o governo e depois voltado a ele sob a satisfação de suas exigências, acabou sendo convidado pelos militares em 1932 para presidir o conselho de ministros. Aquele que se tornaria o pequeno grande ditador se instala no Palácio de São Bento e acaba submetendo as Forças Armadas às suas ordens, conferindo-lhe posições honrosas (presidência da República, por exemplo), entretanto por ele esvaziadas de poder real e de qualquer influência sobre suas próprias decisões. Salazar foi a peça-chave da ditadura que se estendeu de 1926 a 1974 e sua pessoa confunde-se com ela. Entre as duas datas decorreram quarenta e oito anos, longos e penosos. Com esse caso em lembrança, pode-se pensar que, se os militares o solicitarem, no momento oportuno Moro não hesitará em desferir a facada mortal contra Bolsonaro. E nem, se tal convier a suas pretensões, em perturbar os filhos deste, com verdades que terá descoberto ou falsidades que terá fabricado a respeito deles, auxiliado por seus policiais. Homem sem escrúpulos, foi suficientemente astucioso para difundir gravações telefônicas ou delações sem provas sempre que tal serviu seus interesses. Descortinam-se razões para que isto mude? Para um político, Moro é jovem – e já deu mostras de saber ter paciência.

Desejo ainda escrever uma palavra sobre as potencialidades do poder judiciário. Estruturalmente débil quando se trata de promover ou simplesmente defender a democracia nos momentos em que ela está em risco (foi o tópico tratado acima), ele é útil à instauração de ditaduras, com os magistrados colaboradores e, pior, promotores. Em seu conjunto, "O Poder Judiciário" está ao serviço de interesses que lhe são estranhos, os que se enfrentam na arena política: ele serve quem está tendo vantagem e, mais tarde, quem ganhou. Em seu conjunto, digo bem, os tribunais funcionando sob ditadura agem em proveito das injustiças: é provável que nenhuma mudança para um regime mais livre e justo desponte pela mão dos tribunais. *Em seu conjunto*, insisto. Pois sempre houve e há juristas que, individualmente ou em grupo, se engajam para proteger os ameaçados e as vítimas deste dispositivo. De resto, é conhecido o corajoso empenhamento daqueles que, mesmo na noite escura, encontram estratégias para evitar que o poder judiciário cometa ainda mais injustiças.

Pensemos agora no caso concreto do STF. Que pode se esperar de uma instância cujo presidente,

Dias Toffoli, pouco antes das eleições presidenciais de outubro de 2018 nomeou seu conselheiro especial o militar Azevedo e Silva, que imediatamente depois do pleito foi escolhido por Bolsonaro para ministro da Defesa, o lugar assim deixado vago junto de Dias Toffoli sendo desde logo ocupado por outro militar? Tal como a ascensão de Moro à cabeça do superministério da Justiça revela *a posteriori* sua conivência com o discurso e os valores de Bolsonaro enquanto perseguia e condenava Lula sem provas, também a de Azevedo e Silva ao leme do ministério da Defesa desvela o pacto secreto que unia já Bolsonaro e o presidente da suprema corte. De protagonistas dessa estirpe nem se deveria aguardar uma justiça manipulada, tão só uma justiça manipuladora – uma injustiça judiciariamente institucionalizada. Anteriormente a Dias Toffoli, a presidência de Cármen Lúcia ficou marcada por processos de baixa política com a finalidade de prejudicar Lula, recebendo em troca críticas de juristas e magistrados. É verdade que os onze juízes membros do SFT sofrem fortes pressões. Por exemplo, na véspera do uma nova decisão respeitante ao antigo presidente, em 4 de abril de 2018, o chefe do estado-maior do exército declarou num *tweet*: "o Exército Brasileiro julga compartilhar o anseio de todos os cidadãos de bem de repúdio à impunidade e de respeito à Constituição, à paz social e à democracia, bem como se mantém atento às suas missões institucionais." Divididos, os membros do STF votaram 6-5 contrariando os advogados Lula nesse dia 4 de abril, depois de terem votado 6-5 no dia 22 de março dando-lhes razão. A declaração do general Villas Bôas, produzida quando os militares já se sentiam livres de tomar posições públicas sobre questões políticas ou judiciais, foi considerada pelo presidente Temer como sendo da ordem da "liberdade de expressão". E só o decano do Supremo Tribunal Federal respondeu ao general (mas com que efeito real? Nenhum, bem entendido), sem todavia o nomear, lembrando a separação de poderes e os limites inultrapassáveis que os "agentes do estado" devem observar. . Em maio de 2019, tratava-se de "proteger o STF" dos ataques que vinha sofrendo: essa aparecia então como uma batalha dos democratas. Vendo de fora, pensei espontaneamente que os democratas teriam outras prioridades, por duas razões. Em primeiro lugar, quem teria vontade de defender Cármen Lúcia, Dias Toffoli, Eduardo Barroso e alguns outros? Como mostra Rubens R. R. Casara no Estado pós-democrático (capítulo 16), o STF não é forçosamente corrupto, contudo seguramente corrompido em seus procedimentos, o que a presença de dois ou três "velhos sábios", que conservam algum pudor e sentido da responsabilidade, não ajuda a esconder, antes escancara. Decerto, alguns me retorquiam que não se tratava de defender pessoas singularmente, mas instituições, e de não "entregar o poder de estado à extrema direita". Se isso acontecesse, acrescentavam, todas as decisões caberiam ao estado de exceção, não sendo mais os juízes quem decidiriam ou não de aplicar a lei fundamental. Conviria assim proteger o STF, pois ele permaneceria um espaço de contraditório, como o parlamento.

Este argumento não me convenceu. A ele, eu opunha uma ideia: a grande decisão que poderia salvar o STF, decisão a um tempo simbólica e real, aquela que abriria as portas a um câmbio mais célere de apagada e vil conjuntura brasileira – a libertação e, mais, a ilibação do presidente Lula – não seria tomada. E não era somente por uma questão concernente aos juízes que decidem, antes pela própria natureza do processo. O "dossiê Lula" só é jurídico na aparência, na realidade ele é integralmente político. Ou seja, não era somente porque a maioria dos membros do SFT se mostrou tantas vezes, ao longo de anos, falha de coragem (entre outros exemplos veja-se a intervenção de Rosa Weber que disse que em sua consciência votaria de uma forma, mas para não fugir aos princípios do colegiado votaria o contrário), mas porque, ainda que num acesso inesperado de convicção constitucional e cidadã, a maioria dos juízes decidisse ilibar Lula de crimes sem provas, os militares nunca o aceitariam e nem o aceitaria o ministro Moro, o mesmo que, enquanto simples juiz, para mais de férias no exterior, interveio sem demoras para impedir sua libertação em julho de 2018.

O passar dos meses mostrou que o problema, como tantas vezes, era mais complexo. Até ao momento em que introduzo uma derradeira modificação neste livro (dia seguinte à libertação de Lula na sequência da mudança de jurisprudência do STF respeitante ao cumprimento das penas decididas apenas em segunda instância), o SFT não ilibou o ex-presidente. Seguramente, algo na relação de forças entre os poderes se deslocou para que o prisioneiro político n° 1, Luiz Inácio Lula da Silva, haja sido posto em liberdade. O que acontecerá a partir de agora é difícil de prever. Num Brasil que não vive em democracia, desautorizar o STF depois de tê-lo manipulado a si e a seus membros não é uma perspetiva inteiramente descartável, tanto mais que o próprio STF se encarregou durante anos de promover a ditadura e mesmo empenhou-se incessantemente nessa tarefa, sem que tenha sido preciso subjugá-lo. E resta também saber o que sucederá quando a suprema corte julgar Lula de acordo com o mérito das ações que o visam, como ele sempre reiterou, e decidir com base em provas de resto inexistentes. Aqui se dará um novo embate entre o poder atual e as forças que se lhe opõem.

Chego assim a meu último ponto. Em tempos de "normalidade democrática", algo que o Brasil não conheceu, a coragem talvez não seja notada como uma virtude política maior. Porém, quando as exceções sempre existentes aparecem flagrantemente como regra, ela ressurge como tal. Muitos não se dão conta, quando se trata de Lula, de terem que se haver com uma figura histórica maior, uma personalidade rara, em certo sentido acima de nós. Existem pessoas assim, entre as quais uma que marcou minha geração foi Nelson Mandela. Sob um certo ângulo, elas podem estar, com certeza, sob o mesmo plano que o comum dos mortais – e repare-se que nem Mandela nem Lula nunca reivindicaram para si nem para outrem um estatuto superior ao de quem quer que fosse. Isso é particularmente válido em relação à lei: eles não reclamam que uma exceção lhes seja aberta. Precisamente, tal atitude é mais uma confirmação de sua grandeza. Eles tiveram condições históricas concretas para reclamá-lo e não o fizeram, o que acresce às provas de quanto eles estão, sob um outro ângulo, acima do comum dos mortais: eles marcaram positivamente nada menos que a vida do mundo, batendo-se longa, paciente e corajosamente por causas justas. A eles se aplica o que Camões escreveu a respeito daqueles que cantou, "Aqueles que por obras valerosas / Se vão da lei da morte libertando". Malgrado as ignominiosas injustiças de que é vítima, reconforta sabermos que *o mundo sabe* que Lula é superior a seus inquisidores e carcereiros, bem como o é em relação aos juízes cuja covardia é tanto mais desprezível quanto envolvem seus discursos fatais nas roupagens da justiça cegamente feita e da lei sabiamente aplicada. Protegidos, falam a partir de suas cátedras inamovíveis, quando deveriam ter a coragem de dizer a verdade e de agir conformemente a ela. Os anais sempre guardam a memória daqueles que, batendo-se pelo verdadeiro e o justo, renunciaram ao conforto até arriscarem suas vidas. À luz de tais exemplos, deveríamos apiedar-nos dos falhos de grandeza.

conclusão

Todos os poderes eleitos sofrem, com o tempo, fenômenos de erosão. No caso do PT, com quase quatorze anos de exercício ininterrupto do governo, esse fator não deveria ser negligenciado. Aliás, o regime representativo tal como o conhecemos em suas variantes é mesmo visto como salutarmente atreito a tais desgastes, a pontos que a longa permanência de uma só pessoa à cabeça de um poder, ou a de um só partido à cabeça de um estado, tende a ser depreciada como sintoma de uma democracia defeituosa, talvez mesmo ausente. Pense-se nos caciques individualmente considerados ou, então, naquilo que no México se designa correntemente *ditablanda* ("dita*branda*" em português, jogo de palavras com "dita*dura*") para nomear o governo sem partilha, durante décadas, do Partido Revolucionário Institucional (PRI). É ademais possível que o cansaço dos eleitores se agudize nas sociedades em que a moda se tornou uma forma de existência, bem para lá do campo do vestuário e da aparência individual, tendo-se estendido aos campos mais diversos, o mais recente dos quais é o das novas tecnologias e seus *gadgets*. No momento do voto, não é só por estarem desiludidos com os resultados da ação de um governo que os eleitores votam por outros partidos. É também como necessidade sentida de mudar, de "passar a outra coisa", como se não desejassem mais o "produto" político que estava sendo "usado". Por vezes, a transição é extrema, como no Brasil, onde depois de um presidente ex-sindicalista seguido de uma presidenta mulher, uma maioria escolheu um ex-militar que publicamente despreza sindicalistas, mulheres e, mais amplamente, o próprio sistema eleitoral que permitiu sua eleição. Numa forma de existência social em que a moda impera, as mentes pouco a pouco se conformam à necessidade periódica de mudança, acabando por desejá-la e por contribuir para sua realização, independentemente de saber se tal mudança é ou não para melhor e, até, se eles mesmos sairão dela materialmente beneficiados ou prejudicados. Falarei assim de mentes "modificadas", na medida em que elas passam a funcionar segundo ciclos de mudanças sentidas como requeridas, mas sem que essas mudanças devam ser pensadas como melhorias, avanços ou progressos. No regime do espírito "modificado", importa mais mudar do que permanecer (a mesma lógica poderia ser aplicada a áreas como a da vida conjugal). As modas políticas associadas às flutuações do eleitorado, produzidas ou aceleradas no que Marcia

Tiburi chama de "momento publicitário da política" ou "política na era da racionalidade publicitária",[56] têm como condição de possibilidade a existência prévia desta "modificação" mental, da qual ao mesmo tempo o marketing político é um efeito, "modificação" que por sua vez esse marketing incrementa, num ciclo de reforço mútuo: quanto mais os espíritos se "modificaram", isto é, começaram funcionando em regime de transição recorrente de um produto que está na moda a outro que vai lhe suceder, mais o marketing político pode ser eficaz, ou seja, exercer efeitos condicionantes das mentes e orientar comportamentos, decisões e votos. E quanto mais o marketing político surte efeito, tanto mais profundamente as mentes se "modificam", se tornam conformes à mudança recorrente que elas mesmas passam a reclamar.

Apesar de nos termos acostumado a que todos os regimes conheçam uma duração de existência limitada, não é questão, em minha análise, de saber em que circunstâncias esse tipo de funcionamento acabará sendo perturbado. Antes gostaria de ressaltar um fenômeno mais amplo. Não são somente os governos de um partido ou de outro, a presença de um político ou de outro, que são submetidos à erosão do "produto" em que eles são transformados pelo marketing,

---

[56] TIBURI, Marcia. *Ridículo Político*. Rio de Janeiro: Record, 2017, p. 15.

e nos quais por vezes eles mesmos se transformam para alcançar o objetivo de se venderem melhor e continuarem sendo aceitos pelos eleitores. Também o próprio regime representativo, como sistema no âmbito do qual esses ciclos se desenrolam, se torna vítima da modificação dos espíritos, os quais acabam se cansando do regime e começam se abstendo ou, no Brasil, onde o voto é obrigatório, anulando o voto. Para exprimi-lo mais uma vez com Marcia Tiburi: "o número imenso de votos nulos e brancos, muitas vezes maior do que os números dos primeiros colocados nas disputas, é um sinal claro do que se passa na cultura política profundamente alterada pela publicidade".[57] Mais inquietante ainda é quando a demanda de um novo "produto", já não um partido ou um dirigente político, mas sim um novo regime no seu conjunto, não se importa com o fato que o regime por vir seja pior ou melhor do que atual. Também isto me parece presente no caso brasileiro, quando o sentimento de que "é preciso mudar porque isso não dá mais" não raro se sobrepõe a dois argumentos alternativos: o que corre o risco de vir será pior (a resposta é: "isso não importa, tem que mudar"); e que aqueles que representam o novo regime têm discursos inaceitáveis de cariz racista, machista, violento e odiento (a resposta é que "eles dizem isso, mas não

---

[57] TIBURI, Marcia. *Ridículo Político*. Rio de Janeiro: Record, 2017, p. 88.

estão falando sério, eles não pensam essas coisas nem vão agir dessa forma". Ganharíamos em atentar aqui no que escreve ainda Marcia Tiburi, "a suposição de que não seja algo sério acoberta a total seriedade da questão").[58] É neste quadro que deve ser colocado o problema que alguns, preocupados com o que está sucedendo, formulam mais ou menos da forma seguinte: "o que é construir uma mentalidade democrática, uma cultura democrática, pessoas democráticas?" Se o que escrevi atrás faz algum sentido, duas "soluções" para o problema se apresentam (mas são elas soluções reais?). Ou se joga o jogo do espírito modificado e, neste caso, se tenta tornar a democracia uma moda ou mantê-la "na moda", reconhecendo com esse mesmo gesto que ela é descartável, precisamente uma moda. Ou então se muda de plano, se recusa o jogo do descartável-obsolescente e se investe em um outro paradigma, o da consciência cidadã. Não é aqui o lugar de decidir entre as duas, e nada implica que a escolha de uma implique a exclusão da outra: muito provavelmente há que fazer avançar as duas frentes em simultâneo.

Nos anos 2000, a América Latina conheceu uma vaga de governos eleitos que insistiram nas vantagens da democracia e se opuseram aos regimes

[58] TIBURI, Marcia. *Ridículo Político*. Rio de Janeiro: Record, 2017, p. 107.

precedentes, de descriminação e de gestão da miséria e, mais anteriormente, de terrorismo de estado. Com Bolsonaro como caso extremo, essa vaga se desfez – ou foi suplantada por outra mais forte ou, ainda, deu lugar a um refluxo. Seja como for, depois de uma fase de abertura mais ou menos partilhada por diferentes países da região, inclusive de abertura antropológica no sentido definido acima, de um esbatimento das diferenças, um grande número de eleitores se tornou sensível ao discurso do endurecimento destas mesmas diferenças. O país que parece fugir à tendência, nem que seja em parte, é o México, com a eleição em 2018 de Andrés Manuel Lopez Obrador. Por motivos históricos e contemporâneos, trata-se de um país assaz diferente do Brasil, a pontos que toda comparação é arriscada. E, no entanto, o ódio que Lopez Obrador suscita por sua proximidade com o povo mais simples se assemelha a fenômenos que conhecemos. Assim, num país onde o poder e as mentalidades herdeiras da colonização colocam tradicionalmente os indígenas no estrato mais baixo da sociedade, é digno de relevo que o novo presidente tenha desejado receber, numa cerimônia pública altamente simbólica na praça principal de México em 1 de dezembro de 2018, o bastão de comando dos povos originários onde estão marcadas as sessenta e oito línguas por eles faladas.[59] Foram

[59] RAZIEL, Zedryk. "Hacen indígenas ritual a López Obrador". *Meridiano*. 01 de dezembro de 2018. Disponível em: www.

também Lopez Obrador e seu partido que no primeiro semestre de 2019 aprovaram a proteção social para os empregados e empregadas domésticos, com contrato de trabalho e direitos garantidos.[60] Em ambos os casos, o novo presidente está jogando com a percepção das diferenças antropológicas, secularmente sedimentada no espírito dos mexicanos e, por isso mesmo (é uma lição do processo em curso no Brasil), brincando com o fogo. O ódio que ele já suscita por ousar tocar estas fronteiras é um prenúncio da fatura que lhe será apresentada mais tarde, ao retardador. E é outrossim um indício de sua disposição em pagar o preço, que não ignora, por perturbar os "fundamentais" de sua sociedade.

O que fazer nestes casos, quando se é "democrata"? Entre outras respostas possíveis, darei a seguinte: apoiar as políticas deste tipo, que visam atenuar ou mesmo combater as diferenças mais gritantes. Como não existem governos perfeitos e como, em países com um passado de grandes desigualdades, é ainda mais difícil intervir na suavização dos contrastes, há

meridiano.mx/NACIONAL/36400/Hacen-indigenas-ritual-a-Lopez-Obrador.

[60] "Congreso mexicano otorga derechos laborales a personas trabajadoras del hogar". *Ievenn*. 15 de maio de 2019. Disponível em: < https://ievenn.com/congreso-mexicano-otorga-derechos-laborales-a-personas-trabajadoras-del-hogar/1803280/>. Acesso em 15 de maio de 2019.

que saber sem ilusões que governar é ceder e entrar em compromissos. Com efeito, durante muitos anos, Lula, Dilma e o PT mais globalmente foram acusados de sucumbir às prioridades liberais e de proporcionar aos que já eram ricos ainda mais riqueza. Pode ser que isto seja verdade, mas só até certo ponto, porque deixá-los ganhar dinheiro era uma contrapartida para fazer um número imenso de pessoas subir um pouco nas escalas das diferenças. Que uma mulher tenha podido ascender à presidência da República é apenas um exemplo disso, todavia altamente simbólico. E que esta ascensão fosse um golpe tão pungente na carne no machismo branco urbano dominador é revelador de que transformações aparentemente menores, na realidade violavam as consciências de quem, entretanto, continuava ganhando materialmente. Dito de outra forma, o material não era o mais importante para tais pessoas, mas sim o simbólico, a perturbação daquilo que a seus olhos é "a ordem natural das coisas". Daí sua vontade de pô-las de novo na ordem, isto é, de retomar suas prerrogativas tradicionais e, isto, da forma mais revanchista. Retrospectivamente, nos apercebemos então que o PT fez cedências, não capitulações; que foi pagando de um lado o preço determinado pela conjuntura a fim de que, do outro lado, as relações sociais evoluíssem *um pouco*. Agora, o que está feito está feito e ecoará no médio prazo. Mais jovens conheceram a escola e a universidade. Mais pessoas se alimentaram melhor. Mais famílias tiveram casa. Mais mulheres, negros, indígenas foram respeitados. Em si mesmo, isso é justo e merece que se haja chegado a compromissos e cedências. E, além do mais, isso provavelmente frutificará – o fato de pessoas terem conhecido um pouco mais de *dignidade*.

Tratou-se já bastante de ódio. Contra ele, é preciso pensar o valor que, em política, talvez mais se oponha a ele – a esperança. É sobre ela que gostaria de terminar. Ao pensar a conjuntura brasileira, evitei os escolhos de todo discurso geral sobre os governos contemporâneos no mundo, o que se chama a crise da democracia liberal e o neoliberalismo que alguns lhe associam. Em vez de uma lógica global que tudo ambicionasse explicar, chamei a atenção para particularidades e fui sensível ao local e às territorialidades. Se tivesse agora de alargar os horizontes e pensar em outras regiões, me voltaria para a Europa, onde outros problemas germinam. Os Coletes amarelos em França se queixam do fim do imposto sobre as fortunas, decretado por Emmanuel Macron, e reivindicam mais medidas de distribuição da renda. Os eleitores balançam crescentemente entre um voto "convencional" e a extrema direita de Le Pen, enquanto o terreno é preparado para a judiciarização das questões políticas: muitos acham normal que o domicílio de Jean-Luc Mélenchon e a sede do seu partido, França Insubmissa, tenham sido revistados no mês de novembro de 2018, no âmbito de um inquérito preliminar sobre as contas de campanha de 2017. Ensaiam-se timidamente na França métodos de descrédito dos adversários políticos por intermédio de ações judiciárias? No *Libération* de 15 de abril 2019, Marcia Tiburi e Rubens Casara previnem os leitores franceses: "para aqueles que viram pouco a pouco se confundir poder econômico e poder político, que perceberam a fragmentação do campo progressista, a destruição da imagem dos dirigentes democráticos e a diabolização da política [...], que assistiram à ascensão da extrema direita e à utilização do sistema judiciário contra os opositores políticos ao projeto neoliberal, os últimos acontecimentos em França têm infelizmente um ar de *déjà vu*".[61] Como entre o Brasil e o México evocado acima, as diferenças também são imensas entre o Brasil e a Europa. Mas as condições para o descrédito da política implantam-se gradualmente... Como explicam os dois autores, não convém fazer abstração da lição brasileira.

Na Alemanha, novos espectros rondam. Um deles, alarmante, é conhecido – a entrada em 2017, no parlamento federal, do partido nacionalista *Alternativa para a Alemanha*, com seu discurso antimuçulmano e xenófobo. Eis agora que um novo espectro se ergue,

[61] TIBURI, Márcia; CASARA, Rubens. "Nous, qui au Brésil voyons la démocratie mourir...". *Libération*. 15 de março de 2019. Disponível em: www.liberation.fr/debats/2019/04/14/nous-qui-au-bresil-voyons-la-democratie-mourir_1721295.

surpreendente, o da expropriação de prédios de habitação mantidos vazios por grandes empresas suas detentoras que, por motivos de especulação ou outros, não os alugam. O problema afeta Berlim, cidade na qual o mercado de aluguel atravessa uma crise desde o princípio da década. Como durante vários anos após a reunificação alemã a capital permaneceu barata quando comparada com as grandes cidades da parte ocidental, muitos investiram no imobiliário, provocando um aumento gradual dos preços. Este se repercutiu no valor dos aluguéis, que se volveram objeto de especulação. Mais recentemente, com a penetração da plataforma *Airbnb*, os aluguéis tornaram-se proibitivos, pois muitos senhorios retiraram seus apartamentos do mercado tradicional, transformando-os em alojamento de curta duração. Para quem procura casa, a vida e os preços tornaram-se um pesadelo. Resultado, cresce o número daqueles que reclamam a intervenção da cidade para regular o mercado e, mais ainda, para que propriedades inteiras sejam socializadas, ainda que contra indenizações pagas às empresas suas detentoras. No início de 2019, uma pesquisa mostrava que 54% dos berlinenses eram favoráveis à iniciativa.[62] Estará a capital alemã preparada para dar o passo de uma expropriação alargada?

---

[62] HERMANN, Rainen. *Frankfurter Allgemeine*. Disponível em: <www.faz.net/aktuell/politik/inland/kevin-kuehnerts-forderungen-spalten-die-spd-16167817.html>. Acesso em 15 de março de 2019.

Independentemente de saber o que acontecerá no Velho Mundo, uma coisa parece clara: em países como a Alemanha, mas mais geralmente na Europa e nos Estados Unidos, um mal-estar existe que, não sendo resolvido por meio de verdadeiras transformações de regime econômico, político e de modo de vida, permanece latente e reaparece com intervalos. Manifestações como os motins urbanos de 2005 na França e de 2011 em Inglaterra; os movimentos de indignação e de ocupação como em Nova York, Barcelona e outras cidades em 2010 et 2011; os protestos contra os programas de austeridade impostos aos países do sul da Europa com a Grécia à cabeça, na primeira metade dos anos 2010 ; desde novembro de 2018 o movimento dos Coletes amarelos, todos se inscrevem, ainda que de forma diversa, nessa tendência.

Devo, para encerrar, dissipar um eventual mal-entendido. Minhas análises podem, por momentos, dar a impressão de serem apenas negativas e sombrias. Declaro com franqueza não ser o caso. Em uma de suas canções, Bob Dylan diz, com a maestria que o caracteriza: "*When you think that you've lost everything / You find out you can allways lose a little more*".[63] Estes versos convêm ao Brasil contemporâneo. Bolsonaro e seus militares foram eleitos há pouco e nem desistirão do

[63] Bob Dylan, "Trying to Get to Heaven".

mandato nem hesitarão em fortalecê-lo. O Brasil descerá ainda mais, quando as políticas anunciadas começarem dando seus frutos amargos. Que nada disso nos desespere. Depois de uma queda virá uma ascensão: cabe a todos nós evitar que a queda seja tão abrupta quanto seria se não restassem pessoas livres, resistentes e combatentes; e preparar a ascensão que virá, dando provas de imaginação teórica e prática e de corajosa e lúcida intervenção cidadã. Se é verdade que uma onda de ódio atravessa o país, é possível que siga causando estragos e represente até um dispêndio e um desperdício formidáveis de energias para a coletividade. Mas ela passará, e antes disso se enfraquecerá com a ação de todos. No meu caso, a contribuição possível vem de um apoio sem concessões à causa dos democratas brasileiros: ajudá-los-ei sempre que puder e tanto quanto puder, com os meios de que disporei. E tentarei participar, na medida de minhas capacidades, na realização, na atualização e no aperfeiçoamento de diagnósticos que sirvam para compreender o que se passa, penetrar suas causas, antecipar suas consequências. Nesse sentido, ser realista não deveria ser confundido com um qualquer pessimismo: é antes uma atitude indispensável para chegar à raiz das dificuldades. Diagnósticos frios e consistentes são precisos para conferir à ascensão a que aspiramos a solidez de que ela necessita.

referências bibliográficas

BRANCO, Guilherme Castelo (Coord.). *Terrorismo de Estado*. São Paulo: Autêntica, 2013.

CASARA Rubens R. R. *Estado pós-democrático*: neo-obscurantismo e gestão dos indesejáveis. Rio de Janeiro: Civilização brasileira, 2017.

DAL BÓ, Gisele Amaya. *La Subversion passée sous silence. Politiques de mémoire sur la dictature en Argentine et au Chili*. Paris: L'Harmattan, 2018.

FOUCAULT, Michel. *Os Anormais*. São Paulo: Martins Fontes, 2001.

GODDARD, Jean-Christophe. *Brazuca negão e sebento*. São Paulo: N-1 edições, 2017.

GUATTARI, Félix; DELLEUZE, Gilles. *L'Anti-Œdipe*. Paris: Minuit, 1972.

GUATTARI, Félix; DELLEUZE, Gilles. *Mil Platôs*. vol. 3. São Paulo: Editora 34, 1996.

LACAN, Jacques. "Analiticon". *In: Le Séminaire: livre XVII:* Le revers de la psychanalyse, 1969-1970. Paris: Seuil, 1991.

MORAES, Vinícius. "O operário em construção". *In: Novos poemas II.* Rio de Janeiro: Companhia das Letras, 1959.

RAGO, Margareth. *Do Cabaré ao lar:* a utopia da Cidade Disciplinar – Brasil, 1890-1930. Rio de Janeiro: Paz e Terra, 1985.

SANTOS, Boaventura de Sousa. *Pela Mão de Alice.* São Paulo: Editora Cortez, 2013.

SOUZA, Jessé. "O engodo do combate à corrupção: ou como imbecilizar pessoas que nasceram inteligentes?". *In:* SOUZA, Jessé; VALIM, Rafael (Coords.). *Resgatar o Brasil.* São Paulo: Contracorrente/Boitempo, 2018.

TIBURI, Marcia. *Ridículo Político:* uma investigação sobre o risível, a manipulação da imagem e o esteticamente correto. Rio de Janeiro: Record, 2017.

VALIM, Rafael. "O discurso jurídico brasileiro: da farsa ao cinismo". *In:* SOUZA, Jessé; VALIM, Rafael (Coords.). *Resgatar o Brasil.* São Paulo: Contracorrente/Boitempo, 2018.

VALIM. Rafael. *O Estado de exceção:* a forma jurídica do neoliberalismo. São Paulo: Contracorrente, 2017.

NOTAS

NOTAS

NOTAS

NOTAS

NOTAS

NOTAS

NOTAS

A Editora Contracorrente se preocupa com todos os detalhes de suas obras! Aos curiosos, informamos que esse livro foi impresso no mês de dezembro de 2019 em papel Pólen Soft 80g, pela Gráfica Rettec.